"十三五"国家重点图书出版规划项目

中国社会科学院创新工程学术出版资助项目

新版《列国志》编辑委员会

列国志

GUIDE TO
THE WORLD
NATIONS

新版

王敬媛　陈万会

编著

TONGA

汤 加

社会科学文献出版社

SOCIAL SCIENCES ACADEMIC PRESS (CHINA)

汤 加 | 西经W175°·福努阿莱岛

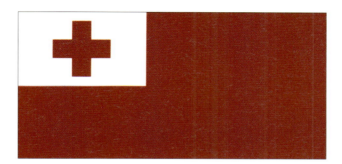

汤加国旗

汤加国徽

议会大楼

汤加旅游部（李庆新　摄）

汤加通信公司（李庆新　摄）

教堂一（太平洋岛国贸易与投资专员署　供图）

教堂二（李庆新　摄）

教堂三

『三石塔』（李庆新 摄）

1777 年英国詹姆斯·库克船长在汤加塔布岛登陆遗址（李庆新 摄）

国王墓地（李庆新 摄）

汤加硬币（王桂玉 摄）

汤加邮票（王桂玉 摄）

汤加发行的中国蛇年纪念邮票（李庆新 摄）

富阿阿莫图国际机场（李庆新　摄）

努库阿洛法海港（李庆新　摄）

努库阿洛法大市场（李庆新　摄）

努库阿洛法海滨摆卖的土特产（李庆新　摄）

汤加塔布岛乡村周末盛宴（李庆新　摄）

乡土乐队（李庆新　摄）

出版说明

　　《列国志》编撰出版工作自 1999 年正式启动，截至目前，已出版 144 卷，涵盖世界五大洲 163 个国家和国际组织，成为中国出版史上第一套百科全书式的大型国际知识参考书。该套丛书自出版以来，受到社会各界的广泛好评，被誉为"21 世纪的《海国图志》"，中国人了解外部世界的全景式"窗口"。

　　这项凝聚着近千学人、出版人心血与期盼的工程，前后历时十多年，作为此项工作的组织实施者，我们为这皇皇 144 卷《列国志》的出版深感欣慰。与此同时，我们也深刻认识到当今国际形势风云变幻，国家发展日新月异，人们了解世界各国最新动态的需要也更为迫切。鉴于此，为使《列国志》丛书能够不断补充最新资料，更好地服务于社会各界，我们决定启动新版《列国志》编撰出版工作。

　　与已出版的 144 卷《列国志》相比，新版《列国志》无论是形式还是内容都有新的调整。国际组织卷次将单独作为一个系列编撰出版，原来合并出版的国家将独立成书，而之前尚未出版的国家都将增补齐全。新版《列国志》的封面设计、版面设计更加新颖，力求带给读者更好的阅读享受。内容上的调整主要体现在数据的更新、最新情况的增补以及章节设置的变化等方面，目的在于进一步加强该套丛书将基础研究和应用对策研究相结合，将基础研究成果应用于实践的特色。例如，增加了各国有关资源开发、环境治理的内容；特设"社会"一章，介绍各国的国民生活情况、社会管理经验以及存在的社会问题，等等；增设"大事纪年"，方便读者在短时间内熟悉各国的发展线索；增设"索引"，便于读者根据人名、地名、关键词查找所需相关信息。

顺应时代发展的要求，新版《列国志》将以纸质书为基础，全面整合国别国际问题研究资源，构建列国志数据库。这是《列国志》在新时期发展的一个重大突破，由此形成的国别国际问题研究与知识服务平台，必将更好地服务于中央和地方政府部门应对日益繁杂的国际事务的决策需要，促进国别国际问题研究领域的学术交流，拓宽中国民众的国际视野。

新版《列国志》的编撰出版工作得到了各方的支持：国家主管部门高度重视，将其列入"'十二五'国家重点图书出版规划项目"；中国社会科学院将其列为创新工程学术出版资助项目，王伟光院长亲自担任编辑委员会主任，指导相关工作的开展；国内各高校和研究机构鼎力相助，国别国际问题研究领域的知名学者相继加入编辑委员会，提供优质的学术指导。相信在各方的通力合作之下，新版《列国志》必将更上一层楼，以崭新的面貌呈现给读者，在中国改革开放的新征程中更好地发挥其作为"知识向导"、"资政参考"和"文化桥梁"的作用！

新版《列国志》编辑委员会
2013 年 9 月

计划，首先编写《简明国际百科全书》，待这一项目完成后，再着手编写《列国志》。

1998 年，率先完成《简明国际百科全书》有关卷编写任务的研究所开始了《列国志》的编写工作。随后，其他研究所也陆续启动这一项目。为了保证《列国志》这套大型丛书的高质量，科研局和社会科学文献出版社于 1999 年 1 月 27 日召开国际学科片各研究所及世界历史研究所负责人会议，讨论了这套大型丛书的编写大纲及基本要求。根据会议精神，科研局随后印发了《关于〈列国志〉编写工作有关事项的通知》，陆续为启动项目拨付研究经费。

为了加强对《列国志》项目编撰出版工作的组织协调，根据时任中国社会科学院院长的李铁映同志的提议，2002 年 8 月，成立了由分管国际学科片的陈佳贵副院长为主任的《列国志》编辑委员会。编委会成员包括国际片各研究所、科研局、研究生院及社会科学文献出版社等部门的主要领导及有关同志。科研局和社会科学文献出版社组成《列国志》项目工作组，社会科学文献出版社成立了《列国志》工作室。同年，《列国志》项目被批准为中国社会科学院重大课题，新闻出版总署将《列国志》项目列入国家重点图书出版计划。

在《列国志》编辑委员会的领导下，《列国志》各承担单位尤其是各位学者加快了编撰进度。作为一项大型研究项目和大型丛书，编委会对《列国志》提出的基本要求是：资料翔实、准确、最新，文笔流畅，学术性和可读性兼备。《列国志》之所以强调学术性，是因为这套丛书不是一般的"手册""概览"，而是在尽可能吸收前人成果的基础上，体现专家学者们的研究所得和个人见解。正因为如此，《列国志》在强调基本要求的同时，本着文责自负的原则，没有对各卷的具体内容及学术观点强行统一。应当指出，参加这一浩繁工程的，除了中国社会科学院的专业科研人员以外，还有院外的一些在该领域颇有研究的专家学者。

现在凝聚着数百位专家学者心血，共计141卷，涵盖了当今世界151个国家和地区以及数十个主要国际组织的《列国志》丛书，将陆续出版与广大读者见面。我们希望这样一套大型丛书，能为各级干部了解、认识当代世界各国及主要国际组织的情况，了解世界发展趋势，把握时代发展脉络，提供有益的帮助；希望它能成为我国外交外事工作者、国际经贸企业及日渐增多的广大出国公民和旅游者走向世界的忠实"向导"，引领其步入更广阔的世界；希望它在帮助中国人民认识世界的同时，也能够架起世界各国人民认识中国的一座"桥梁"，一座中国走向世界、世界走向中国的"桥梁"。

《列国志》编辑委员会

2003 年 6 月

序

于洪君[*]

太平洋岛国地处太平洋深处，主要指分布在大洋洲除澳大利亚和新西兰以外的 20 余个国家和地区。太平洋岛国历史悠久，早在公元前 8000 年前就有人类居住。在近代西方入侵之前，太平洋岛国大多处于原始社会时期。随着西方殖民者不断入侵，太平洋岛国相继沦为殖民地。二战结束后，这一区域主要实行托管制，非殖民化运动在各国随即展开。从 1962 年萨摩亚独立至今，该地区已有 14 个国家获得独立，分别是萨摩亚、库克群岛、瑙鲁、汤加、斐济、纽埃、巴布亚新几内亚、所罗门群岛、图瓦卢、基里巴斯、瓦努阿图、马绍尔群岛、密克罗尼西亚联邦和帕劳。

太平洋岛国所在区域战略位置重要。西北与东南亚相邻，西连澳大利亚，东靠美洲，向南越过新西兰与南极大陆相望。该区域还连接着太平洋和印度洋，扼守美洲至亚洲的太平洋运输线，占据北半球通往南半球乃至南极的国际海运航线，是东西、南北两大战略通道的交会处。不仅如此，太平洋岛国和地区还拥有 2000 多万平方公里的海洋专属区，海洋资源与矿产资源丰富，盛产铜、镍、金、铝矾土、铬等金属和稀土，海底蕴藏着丰富的天然气和石油。近年来，该区域已成为世界各大国和新兴国家战略博弈的竞技场。

太平洋岛国也是 21 世纪海上丝绸之路的自然延伸和亚太一体化的重要组成部分。中国同太平洋岛国的传统友谊和文化交往源远流长，早在 19 世纪中期就有华人远涉重洋移居太平洋岛国，参与了这一地区的开发。

---

[*] 原中国驻乌兹别克斯坦大使、原中共中央对外联络部副部长、全国政协外事委员会委员、中国人民争取和平与裁军协会副会长、聊城大学太平洋岛国研究中心名誉主任。

1

近年来，中国与太平洋岛国的合作日渐加强，在政治、经济、文化、教育等领域都取得丰硕成果。目前，中国在南太平洋地区拥有最大规模的外交使团。同时，中国在经济上也成为该地区继澳大利亚和美国之后的第三大援助国，并设立了"中国－太平洋岛国论坛""中国－太平洋岛国经济发展合作论坛"等对话沟通平台。2014年11月，中国国家主席习近平在斐济与太平洋建交岛国领导人举行集体会晤，与会领导人一致决定构建相互尊重、共同发展的战略合作伙伴关系，携手共筑命运共同体，为中国与太平洋岛国关系掀开历史新篇章。

由于太平洋岛国地小人稀，且长期远离国际冲突热点，处于世界事务的边缘，因而在相当长一段时期被视为"太平洋最偏僻的地区"。中国的地区国别研究长时期以来主要聚焦于近邻国家，加之资料有限，人才不足，信息沟通偏弱，对太平洋岛国关注度较低，因此国内学界对此区域总体上了解不多，研究成果比较匮乏。而美、英、澳、新等西方学者因涉足较早，涉猎较广，且有充足的资金与先进的手段作支撑，取得了不菲的成果，但这些成果多出于西方国家的全球战略及本国利益的需要，其立场与观点均带有浓厚的西方色彩，难以完全为我所用。

近年来，随着中国融入世界的步伐不断加快，国际地位显著提高，中国在全球的利益分布日趋广泛。与越来越多的国家和地区进行友好交往并扩大互利合作，是日渐崛起的中国进一步参与全球化进程，开展中国特色大国外交的客观要求，也是包括太平洋岛国在内的国际社会对中国的殷切期待。更全面更深入的地区研究，必将为中国进一步发挥国际影响力，大步走向世界舞台中心提供强有力的支持。2011年11月，教育部向各高校下发《关于培育区域和国别以及国际教育研究基地的通知》和《高等学校哲学社会科学"走出去"计划》，希望建设一批既具有专业优势又能产生重要影响的智囊团和思想库。中共中央政治局委员、国务院副总理刘延东也多次提及国别研究立项和"民间智库"问题，鼓励有条件的大学新设国别研究机构。

在这种形势下，聊城大学审时度势，结合国家战略急需、区域经济社会发展需求及自身条件，在历史文化与旅游学院"南太平洋岛国研究所"

的基础上，整合世界史、外国语、国际政治等全校相关学科资源，于2012年9月成立了"聊城大学太平洋岛国研究中心"。中心聘请中国现代国际关系研究院副院长、中央电视台国际问题顾问、博士生导师李绍先研究员等为兼职教授。著名世界史学家、国家级教学名师王玮教授担任中心首席专家。密克罗尼西亚联邦驻华大使苏赛亚等多位太平洋岛国驻华外交官被聘为中心荣誉学术顾问。在有关各方的大力支持下，中心以太平洋岛国历史与社会形态、对外关系、政情政制、经贸旅游等为研究重点，致力于打造太平洋岛国研究领域具有专业优势和重要影响的国家智库，力图为加强国家和地方与太平洋岛国进行政治、经济、社会、文化等领域的交流与合作，为增进中国和太平洋岛国人民之间的了解和友谊提供智力支撑和学术支持，为国内的太平洋岛国研究提供学术交流与互动的平台。

中心建立以来，已取得一系列可喜成绩。目前中心已建成国内最齐全、数量达3000余册的太平洋岛国研究资料中心和数据库，并创建国内首个以太平洋岛国研究为主题的学术网站及微信公众号；定期编印《太平洋岛国研究通讯》，并向国家有关部门提交研究报告；拥有在研省部级以上课题8项。2014年，中心成功举办了国内首届"太平洋岛国研究高层论坛"，该论坛被评为"山东社科论坛十佳研讨会"，与会学者提交的20余篇优秀论文被辑为《太平洋岛国的历史与现实》，由山东大学出版社于2014年12月正式出版。《太平洋学报》2014年第11期刊载了中心研究人员的12篇学术论文，澳大利亚《太平洋历史杂志》（*The Journal of Pacific History*）对中心学者及其研究成果进行了介绍。这表明，太平洋岛国研究中心的研究开始引起国内外学术界的关注。

中心成立伊始，负责人陈德正教授就提出了编撰太平洋岛国丛书的设想，并组织了编撰队伍，由吕桂霞教授拟定了编撰体例，李增洪教授、王作成博士等也做了不少编务工作。在丛书编撰过程中，适逢社会科学文献出版社承担的中国社会科学院创新工程学术出版资助项目、"十二五"国家重点图书出版规划项目——新版《列国志》编撰出版工作启动。考虑到《列国志》丛书所拥有的品牌影响力和社会美誉度，研究中心积极申请参与新版《列国志》编撰出版工作。在社会科学文献出版社谢寿光社长、人文分社宋月华社长的大力支持下，中心人员编撰的太平洋岛国诸卷得以列入新版《列国志》丛书，这给中心以极大的鼓舞和激励。为了使中心人员编撰的太平洋岛国诸卷更加符合新版《列国志》的编撰要求，人文分社总编辑张晓莉女士在编撰体例调整方面给予了诸多帮助。在此一并致谢。

因其特殊的地缘特征，太平洋岛国战略价值的重要性毋庸置疑，同时，在中国建设 21 世纪海上丝绸之路的过程中，作为中国大周边外交格局一分子的太平洋岛国的重要性也不言而喻。新版《列国志》太平洋岛国诸卷的出版，不仅可填补国内在太平洋岛国研究领域的空白，同时也为我国涉外机构、高等院校、科研机构及出境旅行人员提供一套学术性、知识性、实用性、普及性兼顾的有关太平洋岛国的图书。一书在手，即可明了对国人而言充满神秘色彩的太平洋诸岛国的历史、民族、宗教、政治、经济以及外交等基本情况。聊城大学太平洋岛国研究中心也将以新版《列国志》太平洋岛国诸卷的出版为契机，将太平洋岛国研究逐步推向深入。

CONTENTS

目　录

CONTENTS

目　录

CONTENTS

目 录

CONTENTS
目 录

CONTENTS

目　录

CONTENTS

目　录

第一章

概　览

汤加国名源于其国内主岛的名称，由当地的土著居民对其主岛"汤加塔布"的称呼演变而来。在当地的土语中，"汤加"为"圣地"或"神岛"之意。后来逐渐泛指其周围的整个群岛，最终被定为国名。3000多年前已有人在此定居，约从公元 950 年起至今历经 4 个王朝，现代的图普王朝由乔治·图普一世于 1845 年建立。17、18 世纪，荷兰、英国、西班牙探险家先后抵达，19 世纪初基督教传入汤加。1875 年颁布宪法，开始实行君主立宪制。1900 年成为英国的保护国，1970 年 6 月 4 日正式宣布独立，现仍为英联邦成员国。

第一节　国土与人口

一　地理位置与国土面积

汤加全称为汤加王国，位于南太平洋的西部、国际日期变更线西侧。汤加往西北距斐济仅 650 公里。汤加西南距新西兰 1770 公里，西距澳大利亚 2566.5 公里，北距夏威夷群岛 4827 公里。由汤加塔布、瓦瓦乌、哈派三大群岛和埃瓦、纽阿托布塔布等小岛组成，共 169 个岛屿，有人居住的岛屿为 36 个。汤加总面积为 747 平方公里，其中陆地面积 717 平方公里，潟湖面积 30 平方公里，境内无河流，海岸线长 419 公里。[1] 汤加总人口 10.56 万人（世界银行，2014）。

---

[1]　The World Factbook，http：//www. cia. gov.

汤加的地理坐标为：西经 175°～177°、南纬 15°～23°30′。当地时间比北京时间早 5 个小时，不实行夏时制。

二　地形与气候

1. 诸岛纵览

汤加各岛自东北向西南散布在茫茫太平洋之中，大部分岛屿底部为石灰岩，上面覆盖层层叠叠、常年累积的珊瑚礁，其他岛屿由火山上覆盖珊瑚礁而成。最高处为卡奥岛（Kao Island）上一无名火山头，海拔 1033 米。① 总体来说，汤加群岛所包括的两列平行群岛大致为东北—西南走势，其中东侧为珊瑚群岛，西侧是若干火山岛。

东侧的珊瑚礁岛——汤加海沟

东侧列岛主要是石灰岩为底座的珊瑚礁岛，大都地势低平，一般海拔不超过 30 米，多处形成巨大的海沟，较为倾斜，被称为"汤加海沟"，与南方的克马德克海沟相连，是世界上最深的海沟之一，最深处达10882米。世界上最高的海底山脉就在汤加海沟西侧，与其落差高度为 8690 米。东侧列岛可分为三个主要的岛屿群，即西南方的汤加塔布群岛（Tongatapu Group）、中部的哈派群岛（Ha'apai Group）及东北方的瓦瓦乌群岛（Vava'u Group）。

汤加塔布群岛面积约 257 平方公里，是汤加最大的岛屿群，约占全国陆地面积的三分之一，由汤加塔布岛（Tongatapu）、埃瓦岛（'Eua）及其附近的一些小岛组成。首都努库阿洛法就坐落在最大的汤加塔布岛北岸。汤加塔布岛地势平坦，是一个海拔仅 10 米的珊瑚岛。在漫长的岁月中，由于不断经受汹涌海浪的侵蚀和冲击，汤加塔布岛沿岸有许多千奇百怪的洞孔，每当海浪袭来，穿过洞孔的海水浪花四溅，往往高达十几米，在阳光照耀下，白浪滔天，十分壮观。② 汤加塔布岛上有大片的椰树和香蕉种

---

① 宜雯等编著《大洋洲诸国》（四），军事谊文出版社，1995，第 78 页。http://www.peakery. com/kao-volcano-tonga 及 http：//en. wikipedia. org/wiki/kao-（island）中称汤加最高山海拔 1030 米。
② 宜雯等编著《大洋洲诸国》（四），军事谊文出版社，1995，第 78 页。

植园，其东南方相邻的埃瓦岛上则保留有茂密的热带雨林。

中部的哈派群岛面积约 119 平方公里，包含利富卡岛（Lifuka）、诺穆卡岛（Nomuka）等 62 个岛屿①，分为东西两列群岛，东列群岛是南北走向的堰洲岛，由堡礁、环礁湖、珊瑚浅滩以及一些活火山组成，大部分是地势低平的环状珊瑚岛，这些环礁和暗礁，给附近航海交通带来相当大的危险。哈派群岛上盛产椰子和香蕉等，是最具有太平洋田园风光韵味的群岛。

东北方的瓦瓦乌群岛面积约 143 平方公里，由乌塔瓦瓦乌岛及南边的小岛群组成。瓦瓦乌群岛是在地质时代由地壳运动形成的，北部隆起露出海面，南部没入海面，使得南岸地带形成许多宽阔的海湾。

西侧的火山岛——火山活动

西列诸岛数目少且面积小，地势较高，包括哈派群岛中的托富阿岛（Tofua）等十几座火山岛。托富阿岛北方卡奥岛上的休眠火山为汤加最高山，其火山原貌保存非常完整。西侧各岛有险峻的山峰和茂密的热带植物，景色非常别致，湖中有岛，岛中有湖，湖中的沸泉形成一泻千丈的飞瀑，整日热雾弥漫。② 这些火山岛既有活火山，也有休眠火山，几乎无人居住，这些均是在近代的地质时代形成的。总体而言，岛上的火山活动不很频繁。富努瓦福欧岛（Fonuafo'ou）上曾发生过地震和火山爆发。富努瓦雷岛（Fonualei，海拔 260 米）上次火山喷发的时间是 1985 年，政府曾强制人群疏散。除此之外，雷特岛（Late）和托富阿岛也曾有火山活动。位于海平面下的法康邦克海底火山，有记载火山爆发露出海面四次，年份依次为：1885 年、1896 年、1927 年、1955 年。每次露出后均在海浪的冲击下消失在海平面下。

汤加西部地区有一座为人熟知的小岛，叫"神秘岛"，也被称作"幽灵岛"，这座小岛像幽灵一样神秘，忽隐忽现。1831 年 7 月 10 日，在汤加西部海域中，由于海底火山爆发而突然冒出一个小岛来，随着火山的不

---

① http://www.haapai.to.
② 宜雯等编著《大洋洲诸国》（四），军事谊文出版社，1995，第 78 页。

断喷发，它逐渐形成一个高60多米、方圆近5平方公里的岛屿，后来消失了。1904年，"神秘岛"再次冒了出来，岛上布满了美丽的浮石，日本人发现并将其占为己有；然而让日本人没想到的是，仅仅两年后，这个小岛神秘地消失了。不久，它又从海里"钻"了出来，汤加国王立即派兵占领了它；岂料几年后它再度消失了。1928年火山喷发，小岛又一次从海里"长"出来，一直"长"到了海拔182.9米；遗憾的是，10年后它又神秘地"沉没"了，至今也没有"出来"。

2. 气候

汤加干湿季分明，南部为热带草原气候，北部为典型的热带雨林气候。南部平均气温为23℃，北部为27℃。总体来说，汤加各地从5月到11月，天气较凉爽干燥，最低气温不超过18℃；从12月到次年4月，天气较温暖湿润，最高气温不超过35℃。以首都努库阿洛法为例，1月的平均气温为25.6℃，7月平均气温为21.3℃。

汤加年平均降水量为1600～2200毫米。5～11月为干季，天气比较凉爽；12月至翌年4月为雨季，天气较热，常有暴雨和大风，一年中降雨量最大，也是飓风高发季节，这段时间气候比较潮湿，让人有些不适。

三　行政区划与主要城市

汤加全国划分为区、镇两级，首都为努库阿洛法。根据主要岛屿的情况，全国分为五个行政区，分别是汤加塔布、瓦瓦乌、哈派、纽阿斯和埃瓦，各区首府、面积及人口等信息见表1-1。

表1-1　汤加各行政区情况

区名	首府	面积（平方公里）	人口（2011）	人口密度（人/平方公里）	备注
汤加塔布（Tongatapu）	努库阿洛法（Nuku'alofa）	275.5	75500	274	属于汤加塔布群岛
瓦瓦乌（Vava'u）	内亚富（Neiafu）	161	14930	92.7	

续表

区名	首府	面积（平方公里）	人口（2011）	人口密度（每平方公里）	备注
哈派（Ha'apai）	庞艾（Pangai）	132.11	6637	50.2	
纽阿斯（Niuas）	希希福（Hihifo）	72	1282	17.8	直接受努库阿洛法管辖
埃瓦（'Eua）	奥霍努阿（'Ohonua）	88.3	5016	56.8	属于汤加塔布群岛

注：此处行政区只包括汤加主要岛屿，因此面积总和并不等于汤加总面积 747 平方公里。

资料来源：https：//en. wikipedia. org/wiki/Administrative_ divisions_ of_ Tonga。

汤加首都努库阿洛法位于汤加塔布岛北部海岸，人口为 24571 人（2012 年），是汤加王国政府、王室和议会所在地，也是汤加的工商业中心、交通枢纽和进出口货物集散地。当地盛产椰子、香蕉等，有椰子加工业和编织业等。港口可停泊万吨级轮船，有定期海、空航线，可与南太平洋多个岛国及新西兰通航。根据汤加的神话传说，努库阿洛法这个名称其实是由两个词组成的，努库是"居留"的意思，阿洛法是"爱"的意思。

19 世纪初时努库阿洛法仍是一个小村庄①，1827 年传教士纳撒尼尔·特纳（Nathaniel Turner）等人将此地作为新的传教点，传教事业在这里逐渐发展壮大，在这期间，努库阿洛法日渐繁荣，成为汤加的中心。1875 年图普一世颁布汤加宪法之后，努库阿洛法正式成为首都。就城市规模而言，努库阿洛法并不大，与现代化的大都市相比，只能算作一个小城镇。

作为汤加交通枢纽的努库阿洛法，市里有私人运营的公共汽车公司，但运营收费标准由政府制定，对学生实行优惠票价。公共汽车经常满员。一些学校和大饭店有自己的公交车。此外，汤加随处可见的出租车均为私人所有。许多自己有车的汤加人在空余时间提供出租车服务，赚取外快。

① Noel Rutherford （ed.）, *Friendly Islands：A History of Tonga*, Oxford University Press, 1977, p. 116.

出租车收费标准也由政府制定。绝大部分家庭拥有自己的汽车，也有少数人骑自行车。努库阿洛法港口是该岛唯一的深水港口，这也是努库阿洛法被定为首都的原因之一。每天有两班航船通往埃瓦岛，每周有两班航船通往哈派群岛和瓦瓦乌群岛。除了这些由船运公司提供的固定航班外，一些私人船只可以开往像诺穆卡这样的小岛。富阿阿莫图国际机场位于汤加塔布岛南端，距离努库阿洛法 35 公里。努库阿洛法还是汤加的经济中心。汤加两家航空公司的总部都在努库阿洛法。努库阿洛法有多个市场和中心商业区，2006 年努库阿洛法发生骚乱时，许多商业区遭到破坏，后来得以重建。

内亚富是瓦瓦乌区的行政中心，位于汤加北部，人口大约 6000 人（2011 年），面积 11.42 平方公里，海拔 19 米，除政府办公室、银行、学校、警察局和一家医院以外，还有旅游公司、饭店、咖啡厅、酒吧、超市等基础设施。内亚富位于瓦瓦乌群岛主要岛屿乌塔瓦瓦乌岛的南端，拥有世界上最美丽的海港。该地的"庇护港"位于内亚富对面，是汤加著名的深水港，也是南太平洋地区帆船航行的主要停靠地之一，每年 6 月至 9 月期间能吸引来 500 多艘帆船。附近水域以清澈见底闻名，据说人们能看见 40 米深的海底。由于东部成串状岛屿和暗礁阻挡住了劲风和洋流，每年 6 月至 9 月都有许多座头鲸来到此地产仔，当地旅游公司经常在此期间组织观鲸活动，这段时间成为旅游旺季。12 月到来年 4 月期间，很少有人来旅游，大部分公司和饭店都会暂时停业。

庞艾位于利富卡岛西岸，是哈派区的首府，人口约 2000 人（2011 年）。市中心位于当地的天主教堂及海边的郝拉派卡路附近。市里有几家商店和市场，只有一家银行。利富卡岛机场就在庞艾西部 5 公里处。此外，庞艾还有一个渡船码头。庞艾有一些历史遗迹，较有特色的包括具有殖民地风格的建筑和公墓。19 世纪初来汤加传教的卫理公会牧师谢利·贝克，曾在图普一世统治时期担任过首相，1903 年 11 月 16 日死于庞艾，他的坟墓和纪念碑是当地的旅游景点之一。

奥霍努阿是埃瓦区的首府，埃瓦岛位于汤加塔布岛东南 25 公里，陆地面积 87 平方公里，人口为 5016 人（2011 年）。该岛有火山，海拔约

300 米，盛产木材，西岸有飞机场。

纽阿斯区位于汤加最北部，包括纽阿托布塔布岛和纽阿福欧岛等，首府希希福是个城镇，位于纽阿托布塔布岛的西南部，面积 18 平方公里，海拔 6 米，镇上有政府、邮政局和警察局，人口约 1000 人（2010 年）。该镇在 2009 年萨摩亚地震中受波及，曾造成多人死亡。

四　人口、民族、语言

1. 人口

汤加统计部 2011 年公布的人口普查数据显示[1]，汤加总人口为 10.3252 万人[2]，其中汤加人和有汤加血统的人为 10.071 万人。汤加塔布区大约 7.55 万人，瓦瓦乌区为第二大区，人口 14930 人，哈派区 6637 人，其他小岛人口较少。人口密度为每平方公里 159 人。劳动人口参与率为 52%。人口增长率为 0.2% 左右，男女比例为 101∶100，平均年龄为 21 岁。

汤加塔布岛是汤加南部最主要的岛屿，是首都努库阿洛法所在地，人口达 71260 人（2012 年），约占总人口的 70%，其中首都努库阿洛法有 24571 人（2012 年），岛上另一个主要城市穆阿 5294 人（2012）[3]，由于不断有人从外岛移居过来，汤加塔布岛的人口仍在逐年递增。汤加塔布岛南方不远的埃瓦岛 2011 年有 5016 人，2012 年有 5165 人。哈派群岛 2011 年有 6637 人，2012 年有 7572 人。瓦瓦乌群岛 2012 年有 15485 人，近十年人口略有减少。最北部的三个小岛上人口均逐年递减，2012 年纽阿福欧岛 650 人，纽阿托布塔布岛 934 人，塔法西岛 68 人。

汤加约三分之二的人口住在主岛汤加塔布岛上，越来越多的人移居到首都努库阿洛法。年轻人离家去外地非常普遍，他们或是为了寻找好的工作，或是为了接受更优质的教育等，有的会去汤加塔布岛，有的会去国

---

[1]　自 1956 年以来，汤加人口每十年统计一次。2011 年统计截止时间为 2011 年 11 月 30 日。

[2]　2014 年世界银行数据显示，汤加人口为 10.56 万人。

[3]　此处 2012 年数据来自 Denise Youngblood Coleman，"Key Data"，*Country Overview：Tonga*，http：//www. countrywatch. com，2013 Country Watch, Inc. 。

外。据估计，有超过 10 万汤加人旅居国外，其中 83000 余人居住在新西兰、澳大利亚和美国。

汤加常年有相当数量的外国人寄居，他们或为临时居民，或成为永久居民，主要有澳大利亚人、美国人、日本人、中国人等。这些外国人主要住在汤加塔布群岛和瓦瓦乌群岛。定居汤加的外国移民中，华人居多，也有少数来自印度、欧洲及东南亚地区，他们主要住在首都努库阿洛法和瓦瓦乌群岛的内亚富，一般和当地人保持一定的距离。

2. 民族

汤加人主要由波利尼西亚人组成，还有少量美拉尼西亚人，共占汤加人口的 98%，其余为欧洲人、混血欧洲人、亚洲人和其他太平洋岛屿人，在汤华人约占汤加人口的 7‰。

汤加人性情温和、淳朴，直率、很重感情。人们之间关系友好，陌生人见面也会相互打招呼，亲朋好友相见时，还会施以拥抱礼。为表达对尊贵客人的敬意和欢迎，汤加人会把用鲜花制成的花环挂到来访客人的脖子上。

3. 语言

汤加通用语言为汤加语和英语。汤加语是汤加本民族语言，属于南岛语系马来波利尼西亚语族，主要在汤加王国使用，亦使用于美属萨摩亚、澳大利亚、加拿大、斐济、新西兰、纽埃、美国和瓦努阿图，使用拉丁字母拼写，基本语序为 VSO（即语序为谓主宾）。

在汤加，英语相当普及，大多数人可以用英语交流。学校里既教汤加语也教英语，在汤加主要岛屿如汤加塔布岛和瓦瓦乌群岛，几乎人人会说英语。尽管汤加人大都掌握汤加语和英语，但如果来访者能说几句汤加本地话，汤加人则会格外热情和慷慨。①

五　国旗、国徽、国歌

国旗　汤加国旗呈横长方形，长与宽之比为 2∶1。旗底为红色，左上

---

① The True South Pacific: Kingdom of Tonga, http://www.thekingdomoftonga.com/the - kingdom - today/.

角有一个白色小长方形，其中有一个红色十字。红色象征基督洒下的鲜血，十字代表信奉基督教。

国徽　汤加国徽主体为由六个黄色花冠组成的盾形，盾面上有五组图案：正中是一颗白色六角星，其中有一个红十字；左上方为三颗白色六角星，象征组成该国的三大主要群岛；右上方是一顶王冠，象征汤加的王朝；左下方为一只衔着橄榄枝的白鸽，象征和平；右下方是三把剑，代表汤加历史上的三大王朝①。盾形上端为橄榄枝环抱的大王冠，象征汤加是一个君主立宪国家；两侧各有一面国旗，下端的绶带上用汤加文写着"上帝和汤加是我的遗产"。

国歌　汤加国歌《汤加群岛皇家颂歌》由乌林加托尼·恩古·图普马洛希作词，卡尔·古斯塔沃斯·施密特作曲，创作于 1874 年。

歌词大意：

> 哦，天上全能的上帝
> 您是我们的主，保佑我们
> 作为您的人民，我们相信您
> 您深爱我们的汤加
> 无形中倾听我们的祷告
> 我们知道您保佑我们的土地
> 献上我们最真诚的祈祷
> 上帝保佑我们的国王图普

第二节　民俗与宗教

一　民俗

独特的自然地理环境和长期的历史洗礼，形成了汤加独特的民族文化

---

①　即图依汤加、图依哈塔卡拉瓦和图依卡诺库柏鲁三个王朝。汤加当代的图普王朝其实是第三个王朝图依卡诺库柏鲁王朝的延续，国王仍享有"图依卡诺库柏鲁"的称号，但以姓氏"图普"为该王朝命名。

和传统习俗。

1. 生活观念

汤加人常年生活在热带地区，这里植物繁茂，很多食物天然形成，人们生活富足，少有忧患感，再加上人们喜欢群居，一个大家庭生活在一起是常见的情形，形成了汤加人独特的生活观念，如家庭观念很重、以长幼尊卑划分的等级严密、礼节繁复；待人热情慷慨、对物品所有权的观念淡薄；等等。

热带地区植物繁茂，大海里鱼类丰富，丰裕富足、无忧无虑、缺乏竞争的生活，使汤加人养成了截然不同于其他地区人们的生活态度。一方面汤加人乐于助人、热情好客；另一方面富有耐心，似乎万事不愁、对人对事甚至漫不经心。汤加人很好面子，甚至为了保全面子，不愿意让别人失望，对于自己能力范围之外的事情有时也不善于拒绝。比如在当地问路，得到的答案有时会模棱两可、方向不明，甚至路线有可能根本不对，这些都与当地人不善于说不、对人宽容、对事也不求甚解的态度多少有些关系。凡事有利有弊，汤加人的耐心使他们缺乏时间观念，对于约定的时间，迟到个把小时不足为奇。对此，汤加人也笑称这是他们的"汤加时间"。

丰富的物品、群居的生活方式，也使汤加人对物品没有明确的所有权概念，他们认为个人的物品都是公用的，可以随意拿走。所以，如果到汤加旅游，和本地人住在一起，突然发现自己的物品不翼而飞，不用反应过激，那可能是被人"借"走了，拿东西的人并无恶意，要了解这是汤加的真实写照，是司空见惯的事情，泰然视之、幽默处理即可。

2. 宗族观念

汤加人的慷慨和真诚源于汤加社会的四个基本价值观念：相互尊重，分享、合作以及互尽义务，谦虚和慷慨，忠诚与责任。这与汤加人世代以大家庭为社会单位密不可分。

大多数南太平洋岛国重视宗族世系，国内有许多不同的宗族，彼此之间发生战乱也屡见不鲜。然而汤加种族比较单一，外国人一直占少数。人们始终坚信不疑地认为他们共有一个祖先，所有汤加人都是国王的亲族，人们对国王和族长都非常忠诚。正是这一点，使得汤加能够始终确保政治统一。

家庭①是汤加生活的核心单位，在大家庭里面，年长者备受尊重，每个家庭成员都明确各自的角色。典型家庭除了子女和祖父母外，还可能包括养子、表亲和其他远房亲戚。从食物到睡觉用的物品，每一样东西都是公用的。男性家长通常在家里占主导地位，汤加实行长子继承制，土地会传给长子。

家务劳动会根据性别来分配：男性负责照看当地的一种地锅——乌慕（'umu），以及种植、收割庄稼、收集椰子壳等一切体力劳动；女性则主要负责打扫卫生、洗衣服、烹饪食物、照看孩子等。

对每个汤加家庭来说，最重要的两件事情就是举办婚礼和葬礼。在这两个场合中，人们都会互赠礼物，通常包括传统的塔帕织布和编织的席子。时至今日，尤其是在外岛（即主岛汤加塔布岛之外的岛屿），许多汤加人仍然生活在村子里，那里的生活方式和早些时候没有不同，这也使得汤加成为南太平洋地区古代村落文化保存最完整的区域，许多游客慕名前去。

汤加人家庭观念很重，逢年过节必是全家人团聚的日子。尊敬老人是汤加人推崇的美德。每到新年，汤加人也同中国人一样，走亲访友，特别是要给长者拜年，家庭成员都要到年长者的家中吃团圆饭。这些观念同东方人极为相似。

3. 妇女地位

尽管在汤加社会中，男性家长占主导地位，但女性在汤加的社会地位并不低，甚至在某些方面更高。值得注意的是，汤加家庭中有一种独特且重要的关系——"珐笏"关系（fahu，汤加语为 mehekitanga）。在这种关系下，一个男子的姐姐及其子女对这位男子和他的财产有极大的掌控权。以姐为尊的习俗曾让当时到访的欧洲人极为困惑。据史料记载，库克船长

---

① 以下关于家庭观念的内容参考自"真实的南太平洋：汤加王国"，The True South Pacific：Kingdom of Tonga，http：//www.thekingdomoftonga.com/the‐kingdom‐today。

到访汤加期间，汤加国王是保拉豪（Paulaho）。库克非常惊讶地发现保拉豪虽贵为国王，却还要对一些人行"莫伊-莫伊"吻足礼，其中包括拉图尼普鲁（Latunipulu）。库克发现国王保拉豪从来不去拉图尼普鲁的房间，如果拉图尼普鲁来到国王所在的房间，而国王正在吃饭的话，国王竟会马上离开。拉图尼普鲁会无所顾忌地向人们索要物品，哪怕这些物品归国王所有。后来库克才明白，拉图尼普鲁之所以敢这样做，是因为他的母亲是国王的姐姐。因为他母亲的缘故，在家庭中他比他的舅舅、时任国王保拉豪的地位都要高。然而这种珐笋关系只在家庭内部起作用，与政治权力无关。[①]

这种以姐为尊的"珐笋"习俗一直传承下来，在某些情况下，如没有姐姐时，其妹妹也可以被尊为"珐笋"。女性去世以后，其子女和孙辈也被尊为"珐笋"。在现代汤加，情况有所变化，"珐笋"的作用通常视家庭关系远近而定，不过总体而言，女性尤其是年长女性仍然得到相当多的尊重。因此，在所有正式和非正式场合，如婚丧嫁娶、孩子出生等，享有"珐笋"地位的人都会得到最高级别的尊重。

由于对女性地位的重视，和南太平洋其他一些岛国不同，汤加女子可以继承父业，也可以参加国家的政治活动。在家庭中，女性往往受到同辈们的特别尊重，在婚后的夫妻关系中，常常也是妻子说了算。

汤加有专门的政府部门管理妇女事务，此外也有非政府组织旨在保障妇女的权利。妇女在商业、公共服务和当地的非政府组织中起着非常大的作用，但是她们在政治领域的作用非常小，妇女比自己的男性合作伙伴要少很多政治和经济权利。尽管妇女公共活动越来越多，但汤加还未批准《消除对妇女一切形式歧视公约》。在 2005 年的选举中，乐宝罗·塔乌尼茜拉（Lepolo Taunisila）被选为纽阿斯地区的议会代表，成为第一个参政的汤加女性。

4. 饮食习惯

汤加土地肥沃、气候宜人，盛产各种根茎作物和热带水果。汤加人传

---

① H. G. Cummins, Tongan Society at the time of European Contact, From Noel Rutherford (ed.), *Friendly Islands: A History of Tonga*, Oxford University Press, 1977, p. 69.

统主食有马铃薯、芋头、山药、木薯等，也喜欢面食；肉蛋类有猪肉、羊肉、鲸肉、鱼、鸡、鸭、蛋类等；蔬菜有卷心菜、黄瓜、西红柿、南瓜等；调料有棕榈油、胡椒粉、盐等。他们用餐讲究少肉多素，注重菜肴丰盛量大。汤加人饮食一般不喜欢太咸，但喜爱酸、甜味道。烹调时喜用烤、炒、烧、扒等方法。汤加人喜欢中餐中的鲁菜和粤菜，欣赏大拼盘、烤乳猪、冬瓜盅、鼎湖上素、罗汉斋、糖醋鱼、德州扒鸡、火烤大虾、手抓羊肉等风味菜肴。在酒水上，喜欢当地的"卡瓦酒"（名为酒，实为饮料），同时也爱喝果汁、椰子汁、可可汁、绿茶等。对于果品，他们喜欢椰子、香蕉、瓜类、菠萝等，还喜欢吃尚未成熟的涩口青香蕉。对于干果类食品，喜食花生等。

5. 美食和宴会

汤加人淳朴、热情，走在大街上，随处会看到同不认识的外地人打招呼的汤加朋友。他们喜欢热闹，总是想尽一切理由与亲朋好友聚会。每逢大型聚会，人们会把自家烹饪的美食和采购的食品端到长长的"波拉"桌子上，有烤乳猪、牛肉、螃蟹、鱼、龙虾、章鱼、水果等。除了烤乳猪是在炭火上炙烤而成的，人们一般用在地上挖出的炉灶，即当地人称为"乌慕"的土制炉灶烹饪食物。虽然在现代社会汤加人也逐渐开始使用煤气炉灶，但是在星期天，当地人还是坚持使用传统的"乌慕"烹制美食。令到访者印象最为深刻的是当地人用"乌慕"烹制食物，食物在土灶里慢慢熟透，能够最大限度地保留食物自身的风味，同时还会产生烟熏的味道。①

美食和宴会是汤加社会不可或缺的组成部分，汤加的宴会规模之大、食品种类之多，在整个太平洋地区都享有盛名。在汤加宴会上，几十种美食摆放在用椰子树叶编织成的长形托盘上，多是传统食物和海产品，如烤的冒油的猪肉，蒸制的鱼肉、鸡肉、牛肉和章鱼，以及非常新鲜的当地蔬菜，如山药、甜薯和木薯等。像大蕉和面包果这样的水果富含淀粉，可以

---

① The True South Pacific: Kingdom of Tonga, http://www.thekingdomoftonga.com/the - kingdom - today/.

当作蔬菜食用，通常和可口的椰奶放在一起熬制。当地人常把蔬菜包在香蕉叶里面，或者进行烹饪，或者直接端上饭桌。最受欢迎的汤加美食有欧塔伊卡（'ota 'ika，泡在柠檬汁和椰奶中的生鱼肉）和卢普露（lu pulu，用山芋叶子包裹的混合的咸牛肉和椰奶）。

汤加人接待贵宾最隆重的宴会就是举行"全猪宴"，即用柴火烧烤整只小猪，烤制的小猪外焦里嫩，通体呈橘红色，散发出诱人的香味。宴会上，不论宾主，所有参加者都席地而坐。男人们头上、身上戴着各种饰品，腰间系着"拉伐拉伐"草裙，或再围一条腰席作为迎宾的盛装。妇女们则都在头上、颈上戴上各种鲜花。小猪烤好后，长者首先带领大家祈祷，祈祷完毕才能动手切下第一片烤肉献给客人。然后众人便一起分享烤猪。通常，席间姑娘、小伙子们进行精彩的歌舞演出，以助食兴，为宴会增添热烈的气氛。此外，汤加人有向远道而来的宾客献"卡瓦酒"的习俗。他们的这种习俗同斐济人一样，饮"卡瓦酒"时，要举行礼节严谨的神圣仪式，一般在各种迎送宾客的仪式上，都要举行敬献"卡瓦酒"的传统礼仪。

6. 卡瓦酒

热情好客的汤加人在客人来访时，主人常常先请客人喝一杯卡瓦酒。他们习惯用香蕉叶制成杯子盛酒。卡瓦酒是用一种名叫"卡瓦"的胡椒科植物的根制成的。做卡瓦酒时，一般先用石头把树根捣碎，泡在水中，搁置一段时间，卡瓦酒就算制成了。卡瓦酒味道略微辛辣，口感黏稠，对于非汤加本地人，这种口味需要慢慢习惯。卡瓦酒中的化学成分是生物碱，有麻醉和止痛作用，会产生催眠效果。目前在美国和部分欧洲国家用于制作天然镇静剂，但在某些国家还不能合法使用。

卡瓦酒在社交和典礼仪式上不可缺少，从古至今，其地位都不可小觑。卡瓦酒是汤加人日常生活的重要组成部分，小到家庭小酌，大到宴请国宾，都大有用场。

古代汤加人在制作卡瓦酒时，先把卡瓦树根捣碎，由专人负责咀嚼，等嚼的差不多了，这些人就把嘴里嚼成一团的卡瓦根吐在一个大木碗中，加水混合，用一捆纤维把残渣过滤，最终的成品盛在椰子壳或用车前草叶子做成的杯子中。库克船长曾参加过一次卡瓦酒宴，他在后来的记载中骄傲地写道："我是唯一一个品尝卡瓦酒的人，这种酿造方式让人望而生畏，直接就给每个人解了渴。"卡瓦根还是一种表达尊敬和友谊的物品，来访船只靠岸前，当地人经常抛掷一根卡瓦树根，以示友好。克拉克（Clerke）船长当初看到这些人划了三千米之远来拜访他们的船，第一个举动就是献上卡瓦酒。类似的事情也让库克船长印象深刻，深为感动，他说："没有比这更好的方法来表达友谊：把自己库存里最好的，甚至是能有的最好的酒拿出来呈献给朋友，还能有比这更好的方式来欢迎朋友吗？这些友好的人们就是这样招待我们的。"① 所以库克船长在离开这些热情好客的汤加人以后，将他们的岛屿命名为"友谊之岛"。

如今，人们通常用捣烂的卡瓦树根泡上水制作卡瓦酒，盛在椰子壳里，喝下后全身快速放松，同时舌头和嘴唇会感到麻木，卡瓦酒宴在所有波利尼西亚国家都是一个古老的习俗，至今仍然是汤加人生活中不可或缺的一部分。卡瓦树在汤加几乎家家都有种植，更是在整个太平洋地区都享有盛名。质量最为上乘的卡瓦酒产自哈派群岛的托富阿岛以及纽阿托布塔布岛的塔法西，那里的火山岛土壤非常肥沃。②

喝卡瓦酒是普通人日常生活的一部分。大多数汤加村庄都至少有一个卡瓦俱乐部（汤加语为 kava kulupu），夜幕降临后许多男人聚集在那里聊天喝酒，谈论共同关心的话题，常常会进行到深夜。然而饮酒过量是一个严重问题。很多男性过量饮用卡瓦酒，酗酒现象越来越普遍，酗酒是造成汤加国内暴力现象的主要因素。

在正式场合，如贵族册封仪式上，卡瓦酒的制作和分享都要遵循仪式进行。人们围坐在一起，座次、礼物的摆放以及品尝卡瓦酒的顺序都有严

---

① J. C. Beaglehole, The Journals of Captain James Cook on His Voyages of Discovery, Cambridge, Vol. ii, The Voyage of the Resolution and Adventure, 1772 – 1775, p. 247. From Noel Rutherford（ed.）, *Friendly Islands：A History of Tonga*, Oxford University Press, 1977, p. 89.

② The True South Pacific：Kingdom of Tonga, http：//www. thekingdomoftonga. com/the – kingdom – today/.

格规定，能够看出汤加社会严格的等级区分。一场盛大的卡瓦宴会犹如传统汤加社会重现，让人看到汤加过去的习俗。

对于游客而言，品尝卡瓦酒是非常独特的体验，虽然卡瓦酒看起来脏兮兮、喝起来辣乎乎，但是对于没有喝过的人来说，来到汤加，卡瓦酒绝对值得一试，如果喝上几口之后感到昏昏欲睡，可在附近海滩的树荫处找到吊床小憩一下，这样的经历终生难忘。

7. 民宅

汤加的民宅很有特色。在农村，房子由硬木支撑，墙壁用芦苇扎成，各部分之间不用钉子，而是用由椰子纤维制成的绳索打结固定，房顶盖上甘蔗叶或椰子叶，并向下倾斜，便于雨水流下。城里的房子建造的较有现代感，主体用木头建成，房顶则是用瓦楞铁板铺就。和只有一个房间的农村房子不一样，城里的房子有多个房间，而且还有阳台。无论是在城市还是在农村，房子周围一般没有围墙。在农村，人们虽然没有院落的概念，但大家都喜欢在房子周围种上一些能散发香气的树木，因此村子里一年四季都香气袭人。

8. 服饰

汤加男性身材高大，肌肉发达，肩膀宽阔；女性整体而言五官端正，很多人看起来很强壮。

古代汤加人的衣服大都是用树皮做的，叫"咖图"（ngatu）。男女服饰很相像，通常是用一片大约两米宽、两米半长的布包裹住身体，中间的腰带或用同样的布料制成，或用椰子纤维拧成，系在腰间，系上后裙子大约到小腿中部，或是一直到脚踝。一般来说腰带处会塞上多余的布料，天冷时可以拉出来，一直盖到肩膀和头部御寒。穷人用不起那么长的布料，通常只是用一块很窄的布从胯下围过来系在腰间，还有一些平民只是穿一件用树叶做的衬裙。

除此之外，还有"塔奥瓦拉"（Ta'ovala）和"基基"（kiekie），这是一种围在腰间的草席，通常在正式场合穿着，样式有很多种，库克曾把它们称为"奇怪的围裙"。在正式场合或举办正式活动，如举行婚礼、葬礼、祈祷仪式、盛宴、生日聚会等，无论男女都要用草席裹腰，以示尊重，裹的圈数越多、位置越靠上表示关系越亲近。有的上面有星星、半月形、小方块等图案，装饰以贝壳串珠、红羽毛等，还有的是用深棕色或白色的布料做成花边，在特殊场合时上面装饰的东西会更多。然而参加葬礼时要穿上又破又旧的"塔奥瓦拉"，库克曾见过国王参加葬礼时穿的"塔奥瓦拉"非常破旧。

在汤加，无论男女都经常佩戴饰品，最常见的是用气味香甜的鲜花或是用成熟的露兜树果子穿成的项链。其他的有用小贝壳、种子、小鸟的翅膀或腿骨、鲨鱼的牙齿、珍珠母贝碎片制作的项链，也偶见有个别项链用由鲸的牙齿做的小人或小鸟的雕像穿成。用龟壳做成的戒指和手镯、用鲸牙齿或竹子做成的耳环也很常见。

现代汤加的服饰风格日趋国际化，衣服也多使用棉麻化纤等布料制成，不再使用树皮。由于汤加气温四季如一，男士一般上身穿印花短袖衫，下身穿深色短裙，女士则穿连衣长裙，一般以过膝为好，在重大场合时重要人物会在腰间围上草席。19世纪以来受基督教文化的影响，汤加人相对保守，不允许光着上身，泳装只限于在海滩穿着，星期天安息日时不允许在公共场合穿无袖的衣服，尤其是在教堂参加活动时，需要用衣物遮住肩膀和膝盖。

9. 社交礼仪及禁忌

汤加人与宾客见面时，一般行握手礼，并习惯相互问候和寒暄几句。人们通常以名字（不加姓氏）来称呼对方，认为这样更亲切，只有在表示特别尊敬对方时才用姓氏加头衔相称。等级低的人拜见等级高的人时，要施"莫伊-莫伊"吻足礼，在古代尤其如此，如见到女王、公主、领主等地位较高的人时，要行此大礼。如今在王室仪式上，该礼仪仍然存在。例如公主和她的孩子跳完舞后，较低头衔的女性要趴在地上表示她们对王室的忠心和尊重，有的人会上前亲吻公主的双脚。只是现在这种礼仪完全出于自愿，而非强制。虽然当代汤加人享有比过去更多的自由，仍然有很多人对王室怀有浓厚的感情，自愿行礼。①

---

① 该部分信息来源于与前汤加大使一等秘书西塞里亚·蒙娜丽莎·拉图女士的邮件交流。

就餐时，尽管餐桌上常备有餐具，但汤加人更习惯和喜欢用手取食。在当地人家里，如果和他们一起席地而坐，会受到这家人的热情欢迎。

汤加人的肢体语言非常丰富，人们见面擦肩而过，可能只是抬抬眼眉以示问候。在稍正式些的场合，人们会握手、拥抱甚至屏住呼吸互相贴面行礼。在大街上经常看到同性朋友手拉手或肩并肩，人们并不忌讳这样的举止，反倒是在公共场合异性之间的亲密行为有悖汤加传统，在大街上不会看到恋人间相互牵手，更不要说当众亲吻了。

绝大多数汤加人信奉基督教，把星期日当作安息日，人们在这一天不得外出工作，并严禁袒胸露背到公共场所，否则会触犯当地法律。受西方文化影响，汤加人忌讳"13"，认为"13"是不吉祥的，是会给人带来厄运和灾难的数字。他们忌讳吃饭时相互说话，认为这是一种不礼貌的举止。

在汤加一般只有亲密的朋友间才送礼，鲜花不宜作为礼物。近些年来，受西方文化影响，人们在去医院探望病人，或是2月14日情人节时，可以将鲜花作为礼物。但是传统上拿鲜花的唯一场合是葬礼，有亲友去世时，人们用鲜花做成花环，送给逝者，汤加人相信这些鲜花可以使死者通往另一个世界的道路变得美丽芬芳。[①]

在汤加不要夸奖女子身材窈窕，因为她们以胖为美，以身材窈窕为丑。女人必须胖到一定程度才能嫁出去，最受男性爱慕的姑娘必须长得肥胖，脖子要短，不能有腰身。但是随着汤加与外界交流的日益增多，这种观念在悄然发生改变。

10. 审美标准

汤加传统的审美标准是"以胖为美"，无论男女老幼都以体态肥胖、项短腰粗为美，而把身材窈窕看作丑陋，甚至女性也以脖子粗短、体型浑圆、臀部肥硕为美丽的标准，认为这样能给夫家带来好运，不够肥胖的女子为了增添姿色，往往在腰上一圈圈地缠布来增加腰围。值得注意的是，在汤加体重还是一种文化标记，越重的人通常代表其社会地位越高。因此，汤加人的审美标准也受到社会地位观念的影响。

---

① 该部分信息来源于与前汤加大使一等秘书西塞里亚·蒙娜丽莎·拉图女士的邮件交流。

　　汤加的审美标准与众不同，还和汤加人的饮食习惯有关，这里几乎家家都有小农场，种植大山药、木薯、红薯、芋头、面包果等，汤加人的主食就是这些富含淀粉的根茎作物，他们没有种蔬菜、吃蔬菜的习惯，因此很容易过多地摄入蛋白质和热量。另外气候原因也不容忽视，汤加地处热带，炎热潮湿的气候使得汤加人不爱运动，比较慵懒。因此热量摄入超标、运动量少造成了当地人大多肥胖。据调查，汤加成年男子平均身高为1.8米，平均体重为81.7千克；成年女子的平均身高为1.6米，平均体重为72.6千克。这样的美丽标准带来了严重的问题。据世界卫生组织2005年的报告，汤加90%的成年人体重超标，超过20%的国民患有同肥胖有关的疾病。汤加最胖的人是前国王图普四世，他身高1.83米，体重曾达到209.5千克，因此被载入1976年的吉尼斯世界纪录，荣膺"全球最胖君主"的桂冠。他本人也多年忍受肥胖及相关疾病的折磨，在2006年9月去世前，曾多次倡导健康生活方式，他本人也通过节制饮食和运动达到了有效减肥，体重下降了1/4，为国民做出了榜样。

　　国王的倡议得到了国民的积极响应。随着汤加和外界的接触日益增多，近年来，汤加人逐渐意识到减肥对于个人健康乃至经济社会发展的影响，政府提倡全民健身，并发展国民橄榄球运动。如今，体形健硕、精力充沛的橄榄球运动员已开始引领汤加新的审美标准。首都努库阿洛法虽然不大，但也有几家健身房，不少年轻人工作之余去健身减肥。现在汤加每年都举行全国和各个地区的选美活动，入选的小姐个个身材苗条，可见肥胖不再为美，健康苗条已成时尚。对汤加人来说，改变喜好淀粉类食品、过多摄入蛋白质和热量的饮食习惯，以及喜静不喜动的生活习惯会是一个长期的过程。[①]

二　节日

　　1988年汤加修订了《汤加公共节假日法案》，规定每年有11个公共节假日，实行公休制。平时按国际惯例设星期六和星期日为公休日。这些节

---

① 《汤加不再以胖为美》，人民网，http://www.people.com.cn/GB/paper68/4083/480374.html。

假日的设置受基督教文化影响很大，其中近一半为基督教传统节日，另一半则和王室庆祝及历史上重大事件等有关。如果假日恰逢周日，则会顺延到周一；然而如果恰逢周六（虽然周六也是非工作日），则假日时间不变。

该法案还规定，国王有权自行决定在一年的任何时间新增一个官方节假日，如 2016 年适逢图普学院成立 150 周年，因此这一年的 6 月 22 日新增为"图普学院成立 150 周年纪念日"。在新增的假日内，国王有权宣布所有非重要行业停止商业活动，这时如果商业部门违规开业，将会被处以罚金。

根据汤加法律，国王生日和加冕日都属于公共节假日，但由于现任国王加冕日和生日是同一天，因此公共假日中增加了澳新军团日，只是该假日以后可能会根据情况进行调整。

节假日安排按时间顺序如表 1 - 2 所示。

表 1 - 2　汤加公共假日列表

日期	节日名称	日期	节日名称
1 月 1 日	新年	9 月 17 日	王储图普托阿·乌卢卡拉拉生日
复活节前的星期五	耶稣受难日	11 月 4 日	国庆日
复活节后的星期一	复活节星期一	12 月 4 日	图普一世诞辰日
4 月 25 日	澳新军团日	12 月 25 日	圣诞节
6 月 4 日	解放日	12 月 26 日	节礼日
7 月 4 日	图普六世生日		

资料来源：http：//publicholidays. asia/tonga/。

三　宗教

古代汤加人信仰多神教，19 世纪随着西方传教士的到来，汤加本土宗教受到极大的冲击，基督教成为汤加国内的主要宗教。以下将对汤加从传统宗教到现代基督教的宗教变迁作简单介绍。①

---

① 部分内容已发表在笔者《从基督教入侵看西方国家对汤加的殖民》（《太平洋学报》2014 年第 11 期）一文中，特此说明。

1. 传统宗教①

汤加人相信在遥远的西北方向，有一个精灵国度普洛托（Pulotu），那里是他们的神灵的居住地。普洛托所在的岛屿比汤加所有国土加起来的面积还要大。"此岛遍布各种植物，枝繁叶茂、繁花似锦、硕果累累……仙香萦绕。岛上有世间所有漂亮的鸟儿，而且因为汤加人喜食猪肉，在他们的想象中，岛上还会有许多猪在四处漫步。"② 在这里居住的神灵中，一些是永生的"原始神"，即"最初的神灵"（original gods），其他的神灵是次等神，大都是死去的领主或者其使者的灵魂。所有神灵里面职位最高的是海库里奥（Hikule'o），他是一位原始神，是普洛托神地的首领，是神圣图依汤加国王的主人和保护神。所有领主和使者死后灵魂都会进入普洛托神地，无论生前是否在世间行善。汤加人相信一切奖赏与惩罚都在人生前和神灵的交往中理清，没有死后算账一说。19 世纪时马里纳曾试图教给当地人基督教教义中地狱和惩罚之说，得到的回应却是当地人的同情，他们认为"白人真是很可怜啊"。

人们相信像领主这样的人享有"不死的灵魂"（汤加语称 laumālie），这是第一位半神领主阿霍埃图留下来代代相传的遗产。他们死后进入普洛托神地，在众神中做世人的代表。平民则没有这样好的前景，他们不但没有不死的灵魂，而且死后会变成虫子进食泥土，因此被称为"食土者"（kāifonua）。

汤加人还相信一系列天神和冥界的神。天神统称作考·坦格娄阿（Kau Tangaloa）包括塔玛珀乌力·阿拉玛弗阿（Tamapo'uli'Alamafoa）、埃图玛图普阿（'Eitumatupu'a）、汤加娄阿·图番加（Tangaloa Tufunga）以及汤加娄阿·阿图隆高隆高（Tangaloa'Atulongolongo）。考·莫伊（Kau

---

① 该部分内容参见 Noel Rutherford（ed.），*Friendly Islands*：*A History of Tonga*，Oxford University Press，1977，pp. 70 – 76。

② John Martin，An Account of the Natives of the Tonga Islands in the South Pacific Ocean. With an Original Grammar and Vocabulary of Their Language. Compiled and Arranged from the Extensive Communications of Mr. William Mariner, Several Years Resident in Those Islands. 2 Vols, London，1817，Op. cit.，Vol. ii：150. 转引自 Noel Rutherford（ed.），*Friendly Islands*：*A History of Tonga*，Oxford University Press，1977，p. 70。

Maui）包括莫伊·劳阿（Maui Loa）、莫伊·普库（Maui Puku）、莫伊·阿塔兰加（Maui'Atalanga），以及莫伊·基希基希（Maui Kisikisi）。据说人们感到地震即将来临时就去喊莫伊·基希基希。他平时用双肩顶住大地，如果他累了需要伸展筋骨，或是需要换个姿势时，就会引发地震。所以一旦觉察到将发生地震，人们就会声嘶力竭地喊叫，使劲用棍棒击打地面，期望能喊醒他，让他顶稳大地。

汤加人相信神通过动物移动的轨迹来和人交流，因此蜥蜴、海蛇、鲨鱼、章鱼、鸽子以及其他动物和禽类都被拜为神兽。每一个家族或部落信仰的神灵都有一个动物化身，人们会对这种动物顶礼膜拜，并禁止进食其肉。人们观察这些神兽的移动轨迹，将其阐释为神的警示、信息或是事情发生的先兆。

贝壳、精致的席子、鲸的牙齿等许多无生命的物体，也被当作神物放在神庙里祭拜。鲸的牙齿有特殊的意义，许多神庙里都会摆放，把它当作重要的膜拜之物。一名早期的传教士还曾提到许多神灵拥有用象牙做的神龛，人们将其磨光擦亮后涂上油膏，悉心包在精致的席子里，然后再裹上一层本地织布，放在神庙的高处，进行膜拜。除了象牙外，有的地方也会用某些种类的贝壳做神龛。

有时人们用木头或鲸牙雕刻出小的人形雕像，当作神的化身进行膜拜，据说这最早是从萨摩亚传来的。哈派群岛的利富卡岛曾经有大量的人形神像，然而绝大部分在陶法阿豪一世（Tāufa'āhau I，即图普一世）19世纪30年代早期信奉基督教时被销毁，他曾用绳子把很多这样的小神像从脖子部位穿成一串挂在他住处的墙上，向人们昭示他认为古代的神都已经死了。

汤加人信仰多神教，每个家族都有自己专有的保护神。其他神或是和天气有关，或是因地理特点而异。每个地区"都有自己的神，什么事情找什么神都是一定的"。有权势的领主都有自己的保护神，其中最广为人知的要属图依汤加的保护神（Hikule'o）和后来汤加实权派统治者图依卡诺库柏鲁的保护神泰莱图普（Tailiaitupou）。

汤加有一种神专司恶作剧，据传人们如果有什么烦心的事情，或是倒了什么霉运，都是他们惹的祸。据说，他们可以让旅行者迷路，在黑夜里跳到他们肩膀上，让他们做噩梦。

神和人之间的中介是祭司，祭司有男有女，负责照看神庙，保证神庙的圣器和神庙得到精心维护，同时给神庙的进香者传递神的意旨。祭司一般出身上层社会，有的直接来自统治家族，他们和所服务的领主一般关系特别近。比如说 19 世纪 20 年代时，考拉瓦伊（Kolovai）的女祭司法依阿娜（Fa'i'ana）就是当地领主的妹妹。由于知识渊博且和神灵保持紧密联系，祭司都受到尊敬。在成为祭司之前，他们一般要接受领主的培训，才能有资格担任祭司。在成为祭司之后，不必放弃之前的职业，因此祭司可以继续保有自己的土地、建造房屋、航海或是教授传统项目。女祭司也可以结婚和孕育子女。

在神庙举行宗教仪式和祭祀最常见的原因是为病重的人寻求解药，或是驱赶死神。领主家族成员去世时，会举办重要的宗教仪式，届时亲戚和朋友都会参加（如果是高级别的领主，如图依汤加或是图依卡诺库柏鲁①去世时，汤加王国的国民都会参加）葬礼。葬礼会持续好多天，有一系列的程序，包括痛哭、唱歌、跳舞以及宴会。与死者关系密切的人用一种很特别的方式寄托哀思，即残害自己的身体。托马斯列举过 20 种常见的方式，如割伤、刺伤等，每一种看起来都非常痛苦，甚至极端情况下，还致人死亡。领主的墓穴是用石头砌成的，坟墓的穹顶上还盖有保护架。葬礼在汤加是很庄严的宗教仪式，不容耽搁，除非出现类似战争等特殊情况。普通人不举行葬礼，人死后遗体埋在一个偏远的角落里，只有死者家人知道。除了死者家人，不会得到其他人关注。

汤加最重要的宗教庆典是依纳西节（'Inasi），类似于丰收庆祝，由领主及其属民通过海库里奥神在人间的代表图依汤加向神灵祈祷、展示丰收成果。'Inasi 的意思是"分享"，即把土地上出产的水果以及一切可食用的东西以神圣图依汤加的名义供奉给神灵，以求神灵继续保佑，祈求神灵

---

① 图依卡诺库柏鲁，像图依汤加一样是汤加首领的一种称号，在 17 世纪时取代图依汤加成为汤加国内握有实权的最高首领，今日的汤加国王就被封为图依卡诺库柏鲁。

把福祉降临全国，尤其是确保土地丰收，番薯高产。

庆典到来的时刻，人们会吹响螺号，提示各个地方要做好准备到穆阿去展示供奉，同时提醒人们停止一切手头的工作和不必要的走动，进入"禁忌期"（tapu），有专门的喊话者跑遍各个地方大喊"Tapu a e Ngaue"（停止工作）。整个岛上的男男女女都会唱起这个主题的歌曲，聚集到穆阿，带来各种礼品，其中最常见的是番薯，此外，鱼类、竹芋粉、铁木、精致的席子、珍珠贝壳或是成卷的面料也时有出现。整个庆典会持续九天，每天都有特定的项目，包括专门的典礼、虔诚的祷告以及轻松愉快的娱乐活动。成群结队的男人扛着挂满番薯的柱子沿着村庄前行，图依汤加、领主以及他们的使者坐在已故图依汤加的坟墓前，吟诵祷文。祷告之后，开始分配收成，一半分给图依卡诺库柏鲁，四分之一献给神灵（祭司随之拿走），剩下的分给图依汤加的仆人。分完后，盛大的卡瓦酒宴开始，举行各种娱乐活动，白天是拳击和摔跤，晚上则是唱歌跳舞。

在传统汤加社会，尤其是在 19 世纪之前，宗教对于汤加人来说是最重要的事情。如果不敬仰神灵，无视宗教礼仪，就会受到各种惩罚，公共灾难包括领主叛乱、战争、饥荒、瘟疫，个人对神的冒犯则会受到生病或是早亡的惩罚。宗教信仰和习俗的控制力量已经渗透到个人生活、公共生活以及国家生活的方方面面。然而，汤加本土宗教的主要服务对象是上层社会：强大的神灵庇护的是上层阶级，平民得不到这些神灵的庇佑；宗教审判毫无公平可言，上层人士无论善恶，都会进入神地，享受永生，而平民则无论善恶，最终都会成为"食土者"；平民虽然有自己专属的家庭保护神，然而通常无名无姓；宗教仪式也是以上层人的婚丧嫁娶为主要内容，和平民少有关联。宗教提供给平民的好处少之又少，对平民的控制则主要靠强制性的约束，人们信奉宗教，是出于对惩罚的恐惧，并非宗教本身的吸引力。这些表明，汤加宗教不但缺乏统一神灵领导下的统一标准，而且缺乏公正性，在平民中的基础相当薄弱，势必不会牢固和长久，也为日后的宗教衰落埋下伏笔。

2. 宗教变迁

传统宗教的地位开始动摇，最早要追溯到 15 世纪。由于当时王权分

24

化，宗教事务和世俗事务分而治之，汤加国内发生了一系列政治和宗教上的重大变革。王权不再统一，带来的直接后果是争权夺利现象增多、战乱不断。战争中失利的一方自然会对保护他们的神灵产生失望、质疑，导致往日根深蒂固的信仰开始动摇。

到了19世纪，汤加仍没有统一，国内四分五裂。随着西方传教士接踵而至，人们对汤加传统宗教的质疑之声四起，一些位高权重的领主开始转而寻求基督教神灵的庇护，尤其是汤加北部瓦瓦乌群岛的领主陶法阿豪在信奉基督教后，统一了汤加王国，历经短短二三十年的时间，汤加国内发生了巨变，一是国家统一，二是基督教传遍汤加，取代汤加传统宗教，一跃成为汤加国内的主要宗教。

19世纪汤加宗教之所以能够在短时间内发生如此大而彻底的变化，一方面，由于汤加传统宗教多神教的特点，一旦发生冲突，总有失利的一方会感到庇护不灵，开始质疑自己的信仰，这是汤加传统本土宗教的内部缺陷。另一方面，人们对宗教的信仰主要来自于从宗教得到神灵庇护，缺乏深层次精神熏陶和追求。此外，广大下层阶级在传统宗教中社会地位没有得到保障，缺乏明确和强大的信仰方向，这使得传统宗教严重缺乏群众基础，一旦领主改旗易帜，没有了对来自领主和神灵惩罚的恐惧，旧有的信仰对他们来说很快会失去吸引力和约束力。以上原因长期以来为传统宗教的覆灭埋下了隐患，后来西方基督教的到来，则加快了宗教更迭的步伐。

3. 现代宗教

在现代汤加，基督教已经成为人们生活中必不可少的组成部分，汤加人是非常虔诚的教徒。2013年的数据显示，汤加有98%的人宣称为基督徒。2011年政府调查数据显示，有90%的人在基督教会中注册过。其中卫斯理宗的卫理公会教徒最多，有3万多人，约占汤加总人口的36%，其他基督教信徒有天主教（15%）和摩门教（18%），此外还有汤加自由教会（约占12%），这是卫理公会的变体，是汤加人为保持独立而成立的教会，和基督教有很大的关系。其余的汤加人加入圣公会、基督复临安息日会、耶和华见证会，还有极少数人信仰巴哈伊教、伊斯兰教和印度教。

从 19 世纪初基督教传到汤加以来一直到现在，基督教在汤加社会发挥着举足轻重的作用。基督教在每一个汤加人的生活中都扮演着重要的角色，重要程度仅次于家庭。宗教活动成为人们日常生活的重要组成部分。比如从星期六午夜 12 点到星期日午夜 12 点，禁止进行一切商业和娱乐活动，甚至飞机也要停运。如果有人签订商业合同，也会在法律上属于无效行为。安息日神圣不可侵犯这一条甚至写进了汤加宪法。星期日所有的商业场所，包括为游客开的酒吧也都会关门，同时严禁任何体育活动，哪怕是汤加人极其热爱的橄榄球也不例外。人们如果在这一天去游泳或是捕鱼会被处罚。无论汤加人还是外来游客都要穿上非常朴素的衣服，充分尊重星期日作为安息的日子。大多数汤加人都会在星期日参加两次主日崇拜，一次在上午 10 点开始，另一次或者在清晨或者在晚上。人们在这一天都会穿戴整齐庄重，而且绝不会迟到，大街小巷会响起清晰悦耳的合唱声、教堂的钟声以及当地一种叫"拉里"（lali）的木鼓有规律的敲击声。[1]

汤加的传教士很多，大部分都受到人们尊敬。当地教会的代表经常来往于美国、新西兰和澳大利亚的许多地方。最受人尊敬的当地学校是政府运作的汤加中学，如果没能考入汤加中学，还可以到私立教会学校学习。在这些教会学校中，摩门教会创办的学校最好，师资和教学设备都是最好的，很多家庭改信摩门教以便孩子能来这里接受教育。

在汤加，人们非常尊重教会里的牧师。不论在汤加还是在其他国家，教会都依赖信徒捐款和筹款，而这经常给那些负担不起更多捐款的家庭带来沉重的负担。很多家庭在每年一度的教会捐款时，会贷巨款甚至在市场上卖掉传家宝。

除了宗教场合之外，举办其他大小会议或活动时，在开场时人们也都会先行祷告或布道，大街上随处可见和宗教有关的宣传画、纪念品和广告牌。如果看到棒球帽上印的 GAP，不要误以为是美国时装品牌，这是"God Answers Prayers"的缩写，意为"上帝回应祷告"，此外，还有不少

---

[1]　The True South Pacific: Kingdom of Tonga, http://www.thekingdomoftonga.com/the－kingdom－today/.

T 恤会印上《圣经》的引文。

时至今日，尽管基督教传入之前的传统宗教已经不是主流，然而遗留下来的许多观念仍然盛行。人们会惧怕泰沃娄（Tevolo，魔鬼），到墓地以后仍然会举行古代的仪式。一种说法是如果家里有人得了重病或急性病，那是因为祖先的尸骨受到了惊扰，人们会找到原来的墓地，挖出遗骨再埋到别处，期望这样能治愈自己的疾病。此外，人们生病时，相较于西药而言，人们更倾向于服用一种汤加传统药材"菲透"（Faito'o）。

第三节 特色资源

汤加地处南太平洋的心脏地带，由众多小岛组成，被称作"撒落在太平洋上的珍珠"。作为旅游胜地，这里呈现的是波利尼西亚原生态面貌，可以让人充分体验大自然的美妙与神奇。从南部埃瓦岛的悬崖和热带雨林到北部瓦瓦乌群岛各小岛间平静如画的蓝色水道，从形态各异的火山到未受破坏的珊瑚环礁，海洋和雨林里面遍布各种动植物。

汤加属热带雨林气候，年平均气温南部 23°C，北部 27°C，旅游资源相当丰富，许多领土还处于未开发状态，没有现代化的旅游设施。汤加空气常年清新，是世界公认的"零污染"地区之一，世人形象地称之为"天然氧吧"。当地较有特色的人文和自然景观有汤加国家文化中心、汤加王宫、三石塔、喷潮洞等，旅游项目包括野外露营、骑马、攀岩、潜水、冲浪、钓鱼、划船、观鲸等。

1. 汤加国家文化中心（Tonga National Cultural Centre）

汤加国家文化中心位于南部的汤加塔布岛上，距离首都努库阿洛法只有几分钟的车程；中心内展品包括汤加历史上的各种手工艺品、生活用品、饰品等，鲜明、生动地展示了汤加 3000 年的古老文化。如果在参观的过程中，游客喜欢某件展览物品，还可以买下。此外，文化中心内还有很多具有汤加特色的民俗表演，是了解汤加文化的捷径。

2. 汤加王宫

维多利亚式的汤加王宫位于努库阿洛法，建于 1867 年，即图普王朝建立后不久。王宫面海而立,为三层白色建筑,红色屋顶上悬挂有红十字徽的汤加王国国旗,楼前有大片草地。从创立汤加王国的乔治·图普一世到现在的国王,都是在这里加冕登基的。

3. 三石塔(Ha'amonga Trilithon)

哈阿孟加三石塔也叫三石柱,位于汤加塔布岛北部纽托瓦(Niutōua)村附近。据考证,三石塔始建于公元 1200 年,是汤加最著名的古迹。三石塔由三块巨大的珊瑚石柱构成,两块直立相对,各高 16 尺,一块横架其上,长 19 尺。每块石柱的重量都在 40 吨以上。据说大石头是古汤加人用大型独木舟从瓦里斯岛运来的,那里是看到世界第一缕阳光之地。

人们曾深信这一带曾是古代王宫所在地,三石柱是旧王宫拱门,由 13 世纪初时的国王图依塔图依(Tu'itātui)命人建造。人们由此门通过,可到一块竖立的由平板巨石(汤加语为 maka faakinanga)制成的王座跟前,这块巨石曾用作国王座椅的靠背,据说这样可以防止有人从背后刺杀国王。对于前方的危险,国王可以用手中的长棍将任何可能攻击他的人击倒。[①]

后来,经图普四世国王研究考证,三石柱不是拱门,而是指示季节的工具,功能类似英格兰南部平原上的史前石柱。三石柱的横面上刻有一些直线型凹沟,分别指向一年中最长日和最短日日出的方向。三石柱造型简单质朴,代表了汤加古老的科学文化的萌芽。[②]

4. 喷潮洞

汤加独特的自然景观吸引着无数的外国游客。位于汤加塔布岛南岸的喷潮洞与萨摩亚的萨瓦伊岛喷潮洞齐名,是南太平洋独有的奇观。绵延几公里的海岸线珊瑚礁林立,每当涨潮时,惊涛骇浪汹涌地拍向海岸,海水顺着礁石中成千上万的大小洞穴竞相喷涌而出,在空中形成数十米高的水柱,令人叹为观止。

5. 观鲸

汤加是世界上为数不多的可以在海上近距离观鲸的地方。每年 6~11

---

① Ha'amonga 'a Maui, http://en.wikipedia.org/wiki/Ha%27amonga_%27a_Maui.

② 宜雯等编著《大洋洲诸国》(四),军事谊文出版社,1995,第 98 页。

月，瓦瓦乌群岛会吸引大批游客前来观鲸。由于其地理位置、水温、水深等主要因素都适合座头鲸的生活，长久以来一直是座头鲸重要的活动区域，每年都会有为数众多的座头鲸由南极北上跋涉数千公里，聚集到汤加附近海域，尤其是瓦瓦乌群岛附近，求偶、交配、繁殖及养育后代。因此，该地区也成为一处重要的观察研究座头鲸的地方。当地为此开发了专项度假项目——观鲸，人们不但可以在船上近距离观鲸，还可以潜入水下与鲸同游，在水下聆听鲸的鸣叫。

目前，去汤加观鲸已经成为中国游客的旅游项目之一。汤加法律规定，观鲸必须由当地获得观鲸许可的从业者组织和陪同活动。观鲸活动由汤加旅游部统一管理，2011 年汤加曾发放 20 个年度观鲸许可证，其中 12 个授予了瓦瓦乌群岛从业者，汤加塔布群岛和哈派群岛各获得 3 个许可证。①

6. 蝙蝠村

汤加塔布岛西部的卡罗瓦伊村，素有"蝙蝠村"之称，村里有棵古老的大树，数以千计的世界上体型最大的蝙蝠——狐蝠常年栖息倒挂在这棵树上。汤加岛屿上村庄众多，多处长有同种树木，但唯独此树有蝙蝠，昼伏夜出，从不迁移到别处。传说这棵树是古时候一位漂亮的萨摩亚女子赠给她的情郎——一位汤加水手的礼物。据当地人介绍，这种黑色蝙蝠富有灵性，如果突然出现一对白色蝙蝠，则示凶兆，预示王室将有丧事。汤加人对这种神秘说法深信不疑，甚至还能举出许多事实加以证明。因此，蝙蝠在汤加被视为灵物，迄今只有王室的人才可以捕捉，一般平民只能观赏。②

7. 其他项目

每年 5 月至 10 月是乘游艇巡游的最好时段，除了巡游各个小岛，游客也会潜水和海钓。汤加海水没有受到任何污染，能见度达 30 米，是潜

① 中华人民共和国驻汤加王国大使馆经济商务参赞处：《汤加旅游部近日发放 20 个 2011 年观鲸许可证》，http：//to. mofcom. gov. cn/article/sqfb/201305/20130500108912. shtml，2011 - 06 - 13。

② 宜雯等编著《大洋洲诸国》（四），军事谊文出版社，1995，第 98 ~ 99 页。

水胜地。汤加还是冲浪爱好者的胜地，每年许多潜水爱好者会来到汤加海岸，体验 2~3 米的海浪。汤加王国还以"渔民王国"著称，拥有南太平洋最大的垂钓船队，在这里钓到大型青枪鱼的概率要远远大于其他地区。①

---

① The True South Pacific: Kingdom of Tonga, http://www. thekingdomof tonga. com/discover - the - true - south - pacific/true - adventure/.

第二章

历　史

　　汤加的历史可追溯至 3000 多年前，从公元 10 世纪至今共经历了四个王朝。1845 年乔治·图普一世创立了现在的陶法阿豪王朝，当今国王陶法阿豪·图普六世 2012 年登基。汤加国力曾经盛极一时，曾建立起包括今斐济、纽埃、富图纳群岛和萨摩亚群岛在内的海上王国。近代，汤加曾先后被荷兰、英国和西班牙入侵，1900 年成为英国的保护国，1970 年 6 月 4 日宣布完全独立，并加入英联邦。在其周围国家纷纷沦为殖民地时，汤加王国没有成为外国的殖民地，而是成为太平洋岛国中至今仅存的君主制国家，这一点足以让人们对这个国家充满好奇。近代汤加在全球化大潮中，面临着传统与民主的抉择，经历着蜕变与变革的探索。

第一节　上古简史（15 世纪以前）

一　汤加祖先科考追溯

　　太平洋群岛上的波利尼西亚人流传着一个动人的传说：在很久以前，他们的祖先太阳神——康·蒂基带领自己的部族，从大洋东岸乘坐木筏，追随太阳移动的方向，漂洋过海来到太平洋诸岛国。20 世纪 40 年代，挪威科学家、探险家和考古学家索尔·海尔达（Thor Heyerdahl）根据这个传说，认为波利尼西亚人早先是乘坐轻木筏从秘鲁和东部岛屿移民而来，该假说基于的事实是：在通常情况下，太平洋南赤道附近洋流是在南美洲西海岸流向大洋洲东海岸，即南赤道暖流；此外，甘薯是在南美洲和太平洋发现的，而不是亚洲。为了证实他的观点，海尔达和五名同伴于 1947 年坐上一艘以太阳神康·蒂基命名的用 9 根轻型原木制成的原始木筏，从秘鲁出海远航，横渡太平洋，进行航海探险，101 天后成功抵达法属波利尼西亚东部土阿莫土群岛中的一个珊瑚环礁，完成了著名的康·蒂基远航实验，由此证明早期从美洲到太平洋的航行是可能的。然而这种说法与后来的一系列考古发现产生矛盾，现多为人们所摈弃，尽管最近的证据证明波利尼西亚人有可能到过南美洲。

通过一系列考古发现[①]和放射性碳实验，考古学家认为汤加最早有人类居住是在 3000 年前。大约公元前 1200 年，人们从西北方的斐济群岛来到汤加，很可能最早定居在最大的岛屿汤加塔布岛上。他们都属于西南太平洋文化群落，考古学家将该文化命名为拉皮塔（Lapita）文化。[②] 包括考古和语言多方面的证据清晰地表明，波利尼西亚人，其中包括汤加人，应该来自东南亚。这些东南亚人的后代向东迁移，成为现代波利尼西亚人的祖先。

至于拉皮塔人按照什么顺序定居在波利尼西亚群岛上，成为波利尼西亚人，以及斐济、所罗门群岛以及其他西方和北方岛屿上的波利尼西亚人和美拉尼西亚人有什么关系，至今没有准确的答案。汤加的意思是"南方"，似乎是说人们是从汤加北方的萨摩亚来到汤加，然而汤加民间传说中没有提到过移民一说。人们对拉皮塔陶器进行放射性碳定年研究发现，汤加塔布岛有人居住的时间要早于其北方的哈派群岛。[③]

---

① 1908～1909 年，F. O. 迈尔在新不列颠岛东北约 6.5 公里处的一个名叫瓦托姆的小岛上，首次发现拉皮塔文化的陶器。此后，考古学家相继在汤加群岛、新喀里多尼亚岛、斐济群岛等地发现同一类型的陶器，但直到 1952 年，美国的 E. W. 吉福德与 R. 舒特勒对拉皮塔遗址进行发掘后，这一文化才被确认。

② 拉皮塔文化是大洋洲及太平洋地区新石器时代文化。分布于南太平洋的美拉尼西亚群岛及波利尼西亚群岛的西部，以新喀里多尼亚岛西海岸的拉皮塔遗址命名，时间约为公元前 1500 年至公元前后。该文化以带有各种花纹的夹砂陶器为主要特点。

③ Martin Daly, *Tonga: A New Bibliography*, Honolulu: University of Hawai'i Press, 2009, p. 4.

　　人们相信，拉皮塔人到达汤加后，在汤加塔布岛的托洛阿建立了第一个都城，离现在的富阿阿莫图国际机场不远。在托洛阿，图依塔图依国王建立了三石塔，传说是当时王宫的拱门。托洛阿和赫克塔（Heketa）的海岸线崎岖不平，没有合适的入海通道，也不能为独木舟提供庇护，最终图依塔图依的儿子塔拉塔麻（Talatama）将都城迁到了穆阿。已经发掘的这个时代之后的坟墓，具有考古价值，成为汤加著名的景点之一。

　　二　关于汤加由来的神话传说

　　关于汤加早期历史，没有文字记载，只有一代代的口口相传。20 世纪时萨洛特女王找专人负责组建了汤加传统委员会，对口述历史进行民间搜集和录音整理，使得汤加早期历史得以传承。口述的历史故事中夹杂了很多神话传说，尤其是关于早期岛屿的形成和国王图依汤加的由来，极富神话色彩。18 世纪 70 年代，欧洲人尤其是英国传教士到达汤加后，在与当地人的接触中留下许多文字材料，是对汤加历史较为详细和可信的记录，成为了解汤加历史的主要来源。

　　根据汤加传说，最初只有大海和精灵世界，名为普洛托神地，在两者之间有一块岩石名为图亚欧·富图那（Touia'o Futuna），岩石上住着四对双胞胎兄妹。和其他民族早期神话传说一样，汤加的神祇均是近亲结合，其中有一对生下一儿一女，另有两对分别生下一个女儿，于是唯一的一个男孩长大成人后分别和他的三个姐妹生下了三个儿子：西库勒欧（Hikule'o）、Tangaloa（汤加娄阿）、Maui（莫伊），三人分别掌管普洛托神地、天空和冥界。另一对双胞胎兄妹赫墨达（Hemoana）和鲁普（Lupe）分管陆地和海洋。

　　掌管天空的汤加娄阿有四个儿子，分别是汤加娄阿·塔麻坡乌力阿拉玛富阿（Tangaloa Tamapo'uli'Alamafoa）、汤加娄阿·埃图麻图普阿（Tangaloa'Eitumatupu'a）、汤加娄阿·阿图朗格朗格（Tangaloa'Atulongolongo）以及汤加娄阿·图凡伽（Tangaloa Tufunga）。汤加娄阿在天上每天看到的都是海洋，感到非常乏味，于是派他的儿子汤加娄阿·阿图朗格朗格变成鸻（plover，一种水鸟）飞到下面寻找陆地，结果只发现了水下的一片暗礁，后来上升成为今天的阿塔岛（'Ata）。汤加娄阿又让另一个儿子将他做工刨下的木片扔到海里，依次变成了埃瓦岛、卡奥岛和托富阿岛。

至于汤加塔布岛和其他大部分岛屿，则和掌管冥界的莫伊有关。一天莫伊遇到一位老者，老者给他一个鱼钩，莫伊使出全身力气从水里钓出来的竟然是汤加塔布岛，然后他相继钓出了汤加其余的岛屿，甚至还钓出了斐济和萨摩亚的一些岛屿。

关于汤加人由来的传说也很有意思。一天，汤加娄阿·阿图朗格朗格变成鸻，叼着一粒种子，扔到已经升起的阿塔岛上，当阿图朗格朗格再次变成鸻来到阿塔岛上时，这粒种子长出的攀爬植物覆盖了整个岛屿，他用喙将植物的根啄成了两半。几天后再次回来，他发现树根已经腐烂，里面爬出一只胖胖的虫子，他把虫子啄成两半，虫子上半部分和下半部分都变成了人，分别叫寇海（Kohai）和寇欧（Koau），他喙上还有一小块东西，掉下来后也变成一个人，取名莫莫（Momo），莫伊从普洛托神地给他们找来妻子，他们成为汤加人最早的祖先。

三 关于早期王族"图依汤加"由来的神话传说[①]

图依汤加家族是汤加王国最早的统治者，曾统治汤加达数世纪之久，虽然如今图依汤加早已不是汤加的统治者，然而若想真正地了解汤加如今的政治结构，就要对其历史地位及其沿袭情况做一些回顾。关于这个家族及其统治的由来，当地有一个广为人知的传说。

汤加北方小岛纽阿托布塔布的领主不想让自己美丽的女儿艾拉西娃（'Ilaheva）嫁给纽阿斯人或萨摩亚人，于是就找人用小船载着她去汤加南部寻找合适的夫婿，一路经过瓦瓦乌群岛、哈派群岛，一直到汤加塔布岛艾拉西娃才同意上岸。她独自一人留下，藏在村外的灌木丛里。几日后，

① 关于图依汤加由来的传说参考自 Noel Rutherford（ed.），*Friendly Islands：A History of Tonga*，Oxford University Press，1977，p. 27。

天神汤加娄阿·埃图麻图普阿从天上看到她很美丽，就通过铁木树来到地上，与其相恋。由于埃图麻图普阿在天上已经有了家室，后来渐渐就不再来找她了。

　　然而艾拉西娃已经怀孕，后来生下一子，取名阿霍埃图（'Aho'eito）。阿霍埃图长大后得知自己是天神的孩子，决心去寻找父亲。母亲给他全身擦满甜香的油膏，梳整齐头发，在其腰间围上精致的塔帕（tapa①），带他来到他父亲曾经爬到地上的铁木树前。他顺利地沿着这棵树爬到了天上，见到了他的父亲，受到了父亲的欢迎，然而他同父异母的兄弟们并不喜欢他，而且嫉妒他健美的身材。他们偷偷地打倒了阿霍埃图，砍下他的头，扔到了旁边的灌木丛②里，并吃掉了他。埃图麻图普阿知道后非常生气，他命令这五个儿子找来阿霍埃图的头，放到一个大木碗里，并命令他们朝里面吐出阿霍埃图的肉。随后他找来一些树叶盖住木碗，命令他们彻夜守在旁边。次日凌晨，奇迹发生了，阿霍埃图完好无损地从里面站了起来。

　　为了惩罚五个儿子，汤加娄阿·埃图麻图普阿命令他们以及他们的后代要世世代代服侍阿霍埃图及其后代。他命令阿霍埃图的五个兄弟和他一起返回地面，回到阿霍埃图母亲身边，告诉他母亲所在的土地就是他的土地，并给阿霍埃图起名为图依汤加（Tu'i Tonga），意思是"用双足立于汤加"。阿霍埃图由此成为第一位图依汤加，统治整个汤加，他的同父异母兄弟们则成为他的仆人。

　　此后，阿霍埃图的后人世代统治汤加，并冠以图依汤加的称号。

四　图依汤加家族历代更迭

　　阿霍埃图于大约950年开始统治汤加，因其在传说中为神子的地位，图依汤加既是汤加最高统治者的象征，掌管宗教和国内一切事务，也是神在世间的代表。每一位图依汤加都被奉若神明，是汤加众领主和全体人民

---

① 用树皮加工制成，上面可以染印图案，作为装饰品，摆放在家里或围在腰间。
② 汤加语中称为hoi，据说这种植物从此以后树根就变得有毒。

汤 加

在世间的最高精神领袖，许多礼仪和禁忌①都和他有关。禁忌之一是人们不得触碰他的食物及身体，因此历代图依汤加都坐在轿子里，无论到哪里都要用轿抬，连睡过的房间都成为神圣的殿堂，别人不许再用；许多礼仪也和他有关，如"莫伊－莫伊"吻足礼，臣民要跪下并把领主的鞋子放在头上，意指他在君主之下，以示谦逊与尊重。这个礼仪沿袭到现在，人们用头或双手碰触领主的脚掌，以示恭顺。图依汤加说过的话都是圣旨，哪怕是突发奇想的念头也会成为法律。

图依汤加一般实行长子继承制，王位由父亲传给长子，如果没有继承人就传给自己的兄弟。随着图依汤加家族的不断繁衍，图依汤加的至亲逐渐在部落的各个区域担任领主，慢慢地形成了汤加的统治体系，即各个领主对所管辖区域的人民进行统治，同时尊崇图依汤加为最高宗教和世俗首领，这些领主在很多方面对人民拥有绝对统治权，如要求他们耕种作物、在公共场合准备宴会及演出，甚至年轻女子在结婚前都要经过他们首肯。此外，他们还是法律的制定者，同时担任法官。图依汤加作为汤加的统治者，处于阶级金字塔的顶端。普通人、贵族和王族之间有着显著的差别。有时这种阶级差别会令人瞠目结舌，例如如果领主生病了，普通民众就要自残然后献上自己的单手或双手手指以平息众神的怒气，祈求领主康复。在平民以下，早期的汤加也有奴隶阶层，他们大多是战争俘虏。

汤加帝国在 13 世纪达到鼎盛。尽管汤加与萨摩亚和斐济有着亲密而久远的商贸和亲属联系，但汤加人总想在这一地区获得最高权威。图依汤加帝国的疆土曾拓展到汤加国土以外，一度将部分甚至全部斐济，萨摩亚群岛的一些地区包括马努阿（Manu'a）、富图那（Futuna）、沃利斯（Wallis）以及东岛（Easter Island），还曾将纽阿斯群岛和托克劳

---

① 汤加语 tapu，指禁忌，英语中的 taboo 一词即由此而来，1777 年首次出现于英国航海探险家库克船长的航海日志 "A Voyage to the Pacific Ocean"（《太平洋航行》）中。库克船长就是根据在汤加观察到当地人的一些禁忌（如某些东西只允许特定头等人物如国王、酋长等使用，一般人不许沾边等）及当地人对这些禁忌的统称（音为"塔布"）编造了英语词 taboo，该词遂流传开来。

（Tokelau）吞并，最远时到达夏威夷群岛。时至今日斐济东部劳族人（Lau group）还在说汤加语，而且遵循汤加的文化传统。这些地方的人每年在丰收的季节都要向图依汤加朝贡。汤加国内的人也向图依汤加敬献丰收的第一批果实，在这之前所有新收获的时令物产都属于禁品，谁也不得享用，这就是每年盛大的依纳西节。

虽然汤加首都数易其址，先是在汤加塔布岛中部，后来依次迁移到科科他（Keketa）、穆阿的拉帕哈（Lapaha），最后定在努库阿洛法，但一直限定在汤加塔布岛，因为这个岛屿是君主集权制的发源地，是国王所属的家族图依汤加开始统治的地方。

第二节　中古简史（15～18世纪）

13世纪开始的帝国黄金时代持续了近两个世纪，15世纪时汤加国内硝烟四起、内战频发，国家权力分化，致使汤加17世纪出现了三个王朝并存的局面，同时拥有三个最高统治者。短期平静之后，18世纪内战又起，权力最终集中在一个权势最强的统治家族手中，汤加又回到单一君主统治的状态。

汤加在图依汤加的统治下延续了几百年，这种单一集权制的统治在15世纪末受到挑战，国内矛盾不断激化，据分析可能是人口增长带来了压力，岛国资源有限，争夺不可避免。15世纪中叶，出现一系列国王图依汤加被刺杀的事件，汤加一度陷入国内混战，王族的安全受到严重威胁，王权开始出现动摇。图依汤加为了自保，决定将世俗权力分化出去，由此产生了第二个王朝图依哈塔卡拉瓦（Tu'i Ha'atakalaua）。

15世纪末国王塔卡拉瓦（Takalaua）被人谋杀，他的儿子考乌鲁弗努瓦（Kau'ulufonua）为父报仇后，为确保不再发生类似刺杀事件，实行了一项重大政治调整，于1470年设立了专门负责世俗事物的头衔"图依哈塔卡拉瓦"，并授予其弟，由其负责所有的世俗事务。考乌鲁弗努瓦自己从政权中退出，从此以后图依汤加只负责宗教事务，担任最高宗教领袖，监管番薯和其他农作物生产，掌管汤加每年的重大典礼

"依纳西节"①。图依汤加家族的其他成员纷纷被委任为哈派群岛、瓦瓦乌群岛以及其他外围岛屿的统治领主。这是汤加王权的第一次分化。此后，传统王族图依汤加的势力和权力日益削弱。

17 世纪早期，汤加王权发生了第二次分化，产生了第三支王族"图依卡诺库柏鲁"，该王朝在欧洲人到来之后，势力日益强大，超过其他两个王朝，统一了汤加，成为汤加唯一的王朝。但是，三个王朝的血脉相通，到了图普五世三个王朝合而为一。

17 世纪这次王权分化，起因是管理世俗事务的图依哈塔卡拉瓦国王要加强中央集权，对难以驯服之地加强统治。汤加塔布岛西部希希福地区的卡诺库柏鲁，民风刁蛮，难以驯服，曾经有臭名昭著的食人习俗。图依哈塔卡拉瓦六世任命他的小儿子拿咖他（Ngata）前去管理，并为其设立了新头衔"图依卡诺库柏鲁"，一方面对不服管教的领地希希福地区加强统治，同时还有其他政治原因：图依哈塔卡拉瓦六世的妻子莫安咖汤加（Mo'ungātonga）是萨摩亚贵族，结婚时带来了相当数量的萨摩亚人，把和她所生的儿子委以重任、冠以尊贵头衔，无疑能给王后增光添彩，同时萨摩亚在国内的党派也会感到满意。

令图依哈塔卡拉瓦六世没有想到的是，小儿子能力超强，在制服地方势力后，开始觊觎中央大权。很快，图依卡诺库柏鲁这一支脉的权势超过了其父系长子家族图依哈塔卡拉瓦，图依哈塔卡拉瓦家族逐渐败落下来。当时，手握重权的一个重要标志是能否为图依汤加挑选王后，即摩西法。为图依汤加家族挑选摩西法是很重要的事务，图依卡诺库柏鲁自从取代图依哈塔卡拉瓦承担这项任务之后，就同传统以来最尊贵的家族图依汤加家族始终保持紧密联系。后来，图依卡诺库柏鲁把自己的女儿作为摩西法嫁给图依汤加，更是将时任图依汤加国王视作自己的儿子并引以为豪。

图依汤加和图依卡诺库柏鲁成为最重要的两个王族，因此选择继承人尤为重要。继承人选择的首要依据是出生顺序。根据惯例，在位图依汤加

① 汤加重要的传统节日，每年丰收之日，汤加全国举行盛大典礼进行庆祝，将头产番薯等农产品敬献给图依汤加。

和摩西法的长子会被立为图依汤加的继承人。图依卡诺库柏鲁的继承人选择则要复杂一些，要从姓"图普"的家族成员中挑选，此事由汤加塔布岛的实权派人物负责。在通常情况下，在位图依卡诺库柏鲁的长子会被选中，然而这也不是必然，因为年龄、身体状况尤其是权力争斗都会影响最终选择结果。

三足鼎立的局势最终形成，图依哈塔卡拉瓦是名义上的政治首领，而实权掌握在图依卡诺库柏鲁手中，图依汤加则担任国家的宗教领袖。这种局势让当时到访的欧洲人困惑不已，一度以为这个国家有三个国王。这种局势持续了一个多世纪，直到 18 世纪又一轮内战到来。

第三节　近代简史（18 世纪末～19 世纪末）

18 世纪末至 19 世纪初，汤加经历了一系列社会动荡，是汤加历史上最重要的转折期。汤加有史以来最为显赫的图依汤加王朝到了穷途末路，三足鼎立的局势开始改变。随着欧洲人的到来，汤加受到西方文化尤其是基督教的强势影响，图依卡诺库柏鲁王朝的陶法阿豪带头摈弃了传统宗教，接纳了基督教，并在基督教的帮助下统一了汤加，成为图普一世，开启了图普王朝，而汤加也在他的领导下成为基督教国家。

一　图依汤加的衰落

18 世纪中后期，汤加政局动荡，起因是图依汤加继任者保拉豪（Paulaho）既不是长子，也不是王后摩西法的子嗣，继承王位有悖传统。这为汤加即将到来的巨大震荡埋下了伏笔。此外，图依汤加保拉豪的摩西法野心勃勃，爱子心切，在保拉豪在位期间就安排他们的儿子加冕为王。虽然这个儿子是王位继承人，然而这样的举动在当时可谓惊世骇俗，因为"两个人同时执政、同时享有王号"简直是不可想象的事情。尤其是在依纳西节时，图依汤加和儿子同桌共餐，这种举动在当时属于禁忌，因为按照惯例，任何人不得和图依汤加共同进餐。对于这一系列违反禁忌的事情，人们虽有微词，但出于对王后的敬重，考虑到其位高权重，也不敢多言。王后因此变本加厉，得寸进尺，为了安插她的亲信，免去了一些大臣的职务，甚至包括一些重要的职务，如瓦瓦乌群岛总督，甚至是图依哈塔卡拉瓦。在一些公开场合，掌握国家内政实权的图依卡诺库柏鲁出席活动时，她总是坐在旁边，甚至脱去端庄秀美的女性华服，穿上首领（civil ruler）的官服。终于，在时任图依卡诺库柏鲁穆利吉哈阿米阿（Mulikiha'amea）退位、职位空缺时，她占据了王位。

这一冒天下之大不韪的举动犹如最后一根稻草，压垮了公众对她的忠诚和信任，穆穆义（Mumui）的儿子图库阿豪（Tuku'aho）首先举旗易帜，引发了断断续续长达50年的内战，其间，图依汤加保拉豪和王后被逐出汤加塔布岛，流落到瓦瓦乌群岛避难。曾经盛极一时的图依汤加穷途末路，虽然其儿子和孙子后来仍享有头衔，然而名存实亡，再也没能恢复往日的辉煌。图依汤加保拉豪的孙子劳腓力汤加（Laufilitonga）1865年去世之后，图依汤加一族寿终正寝。

二 19世纪前后欧洲人的到来

许多世纪以来，汤加移民大多来自太平洋中部地区。从1616年开始欧洲人多了起来，1796～1826年间，卫斯理传教活动渐有成效，其间有八十多个外族人从欧洲和其他太平洋岛屿来到汤加，大部分是流浪汉和传教士，这些来自外界的影响逐渐使汤加融入国际化潮流中。

1616年，第一批到达汤加的欧洲人是荷兰探险家威廉·斯库登（Willem Schouten）和雅各布·勒·麦荷（Jacob le Maire）。第二批拜访者还是荷兰人。1643年，塔斯曼（Abel Janszoon Tasman）带领他的船队穿过汤加最南端的岛屿。塔斯曼分别在阿泰岛、埃瓦岛和汤加塔布岛停留，补给淡水，与当地人进行交易，然后继续北上，一度在哈派群岛的诺穆卡岛停留，之后朝斐济前进。

西班牙探险家唐·弗兰西斯科·安东尼奥·穆雷勒（Don Francisco Antonio Mourelle）乘坐轮船，在1781年到达汤加。穆雷勒深深地迷恋上了瓦瓦乌群岛，并将瓦瓦乌群岛的海港用西班牙语命名为Puerto de Refugio，意思是"避难之港"，宣布此岛属于西班牙。

穆雷勒关于瓦瓦乌群岛的记录在西班牙引起了轰动。1793 年，亚历山德罗·马拉斯皮纳（Alessandro Malaspina）船长到太平洋寻找此岛，以考察在此建立殖民地的可能性。据说，为了替西班牙王室吞并汤加，穆雷勒曾在主岛上埋了一个法令，但这个法令从未找到。很快西班牙发现了南美洲的巨大市场，受利益驱使，西班牙很快放弃了在太平洋建立殖民地的野心。

法国人安东尼·昂特雷卡斯托（Antoine d'Entrecasteaux）在汤加塔布岛曾做过短暂的停留，为了寻找失踪的探险家让 - 弗朗西瓦·德·加洛普（Jean-Francois de Galaup），他曾从西伯利亚航行到澳大利亚，但法国的驻扎仅此而已。

欧洲轮船与汤加人之间的贸易谈判越来越艰难，经常以流血事件告终。1806 年 12 月 29 日，"宝罗王子号"（Portau-Prince）轮船在利富卡岛靠岸不久就遭到抢劫，船员也被杀害。唯一幸免的是船上的服务员威廉·马里纳（William Mariner）。后来，他根据在汤加的四年冒险，写下了著名的《汤加群岛土著人记录》。

1767 年，英国探险家塞缪尔·沃利斯上校来到汤加。1773 年 10 月，英国著名探险家詹姆斯·库克上校第一次访问了汤加塔布岛和埃瓦岛。库克说："……我的雄心壮志不仅把我带到了比任何前人都更远的地方，而且在目前看来，我也有能力走得更远。"库克一行用金属和武器换取食物、水、树皮布和其他"原始珍品"，这些东西深深地吸引了欧洲人，也让库克重返汤加有了可能。库克品尝了卡瓦酒，观赏了很多当地的仪式。1774 年，库克从诺穆卡岛回到了欧洲，他在 1777 年进行第三次航海时，4 月到 7 月停留在汤加，和哈派群岛的菲瑙（Finau）领主成为朋友，菲瑙鼓励他去利富卡岛获取供给。在那里，库克及其随行受到当地人的款待，于是把当地称为"友谊之岛"。

毋庸置疑的是，库克作为船长、航海专家、制图专家以及观察家，富有学识，并具有人文关怀，留下了大量文字资料，曾被翻译成欧洲多国语言，广为流传，其中他对所航行到过的岛屿及岛上居民的生活进行了细腻全面的描述。尽管他的记述有时有所偏颇，然而对于汤加的严肃研究不能不说是从他开始的。

三 19 世纪英国传教士在汤加的活动①

在所有的欧洲国家中，英国是对汤加影响最为深远的国家，这主要归因于英国传教士的活动。尽管经历了巨大的困难甚至生命威胁，传教最终获得成功，汤加成为基督教国家，自此开始受到英国多方面的影响。②

1. 传教受挫

1796 年，伦敦传教协会派遣 10 个毫无经验的传教士来到汤加塔布岛，他们怀着巨大的宗教热忱而来，然而因为没有受过正规的教育，对于如何与汤加当地人接触以及如何向他们传递教义也没有任何技巧可言，最终大都不是被杀就是仓皇逃离。从这以后，英国的传教活动搁置了一段时间。1800 年，伦敦传教协会放弃了在汤加的传教任务。然而传教的火焰并没有彻底熄灭。1822 年，一位年轻的卫理公会牧师沃特·劳里（Walter Lawry）带领家人和仆人，以及一名木匠、一名铁匠和一名翻译来到汤加，选择在当时汤加的首都穆阿定居。穆阿当时的领主是法图（Fatu），是最后一个图依哈塔卡拉瓦的儿子。最初传教士和当地人的关系非常融洽，然而随着传教活动的开展，劳里发现当地人盛情款待他们，并不是因为喜欢他们的宗教，而是因为对劳里他们带来的货物感兴趣。后来他们和当地人的关系逐渐恶化，当地祭司和人们对传教活动的抵制越来越强烈，最后甚至威胁要杀害传教士。劳里不得不决定放弃，1823 年 10 月 3 日带着家人离开了汤加。传教再次以失败而告终。

1826 年 6 月 28 日，劳里的继任者约翰·托马斯（John Thomas）和约翰·哈金森（John Hutchinson）来到汤加，他们来到汤加塔布岛西部的希希福，受到当地领主阿塔（Ata）的友好接待，阿塔还在考拉瓦伊（Kolovai）给了他们一块土地。即便如此，这位领主拒绝接受新的宗教，同时也禁止他的人民信仰基督教。后来由于种种原因，阿塔对他们的敌意

---

① 本部分多处参考 S. Lātūkefu, The Wesleyan Mission. *Friendly Islands: A History of Tonga*, Noel Rutherford (ed.), Oxford University Press, pp. 114 – 118.

② 详见王敬媛《从基督教入侵看西方国家对汤加的殖民》，《太平洋学报》2014 年第 11 期，第 35~46 页。

日深，在希希福的传教眼看也要以失败而告终。托马斯和哈金森想要放弃在汤加的传教活动，写信给悉尼的兄弟会要求派一艘大型船只运回所有传教点的物品。悉尼方面获悉后召开紧急会议，拒绝了托马斯的请求，另派了纳撒尼尔·特纳等人火速赶到汤加，防止了传教活动的再次流产。

新来的人拯救了在汤加的传教工作，他们将传教点转移到努库阿洛法（当时还是个小村庄，后来成为汤加首都）。托马斯和哈金森当时勉强留在希希福继续开展工作，后来随着形势持续恶化，1829年兄弟会决定停止在希希福的传教活动，托马斯也转移到了努库阿洛法，并于1830年随着传教活动的顺利开展，继续前去哈派群岛开拓传教领地。几经坎坷，基督教在汤加终于立稳了脚跟。

总体来看，传教活动之所以遇到这么大的困难，有几个方面的原因。

第一，基督教是对汤加传统观念和传统势力的挑战。首先，当地传统牧师、一些有影响力的领主以及他们的追随者强烈反对传教士们的活动，他们反对一切新东西，想要保持现状。许多人认为应该捍卫传统价值观念，不仅因为传统的东西更加有意义、更符合他们当前的需要，而且还来自对祖先及其信仰的忠诚和尊重。人们还相信如果打破传统禁忌会带来灾难，因此有的持观望态度。希希福的领主阿塔曾非常直白地告诉当时的传教士约翰·托马斯，"我不会祈祷，但是我期望以后会加入，不过要在我的朋友们加入之后"。大多数领主因为觊觎欧洲的货物、技术和武器，想要和西方接触，但是他们还没有做好改变自己价值传统和习俗、信仰基督教的准备。传教士约翰·托马斯曾这样写道："大多数岛［汤加塔布岛］上的领主会说他们多么多么乐意传教士到来，然而事实是他们只想要我们的财物……他们根本不想改变信仰；无论是哪个领主，一旦接待了传教士或是一个英国人，他们就认为这个人的所有财产都属于他们了。"

其次，基督教的到来对传统势力构成挑战，对个人和群体利益构成威胁。当地的祭司们从一开始就明白，基督教的神职制度更加强势和成熟，一旦它在当地发展，会马上导致本土的祭司制度败落并最终消失，一起消失的还会有数个世纪以来他们一直享有的荣誉和特权。这些对于本土祭司们而言是最无法接受的损失。因此，他们为了捍卫自己传统的地位而对抗基督教，也就在意料和情理之中了。

当然，随着基督教的逐渐渗入，损失最大的是领主们，他们对基督教的抵制也因此最为强烈。长期以来，领主一直大权在握，自然害怕失去他们的统治地位，这是对抗的根源所在。传教士们宣讲的是，在上帝眼中人人平等，相信每个人都有原罪，为了进入天堂，无论什么社会等级的人，都要遵循一定的道德标准。他们告诉人们任何人，无论是领主还是其他人，都没有权力将他人财物据为己有，这些教义否认了领主们传统以来固有的权力，和他们的信仰格格不入，遭到了领主的强烈抵制。

此外，和传统神权体制比起来，基督教侵犯了领主的绝对权威。传统神权体制下的祭司只是在特定时期才享有特权，平时就和普通平民一样受领主统治。而传教士们对待地位的观念不同，他们认为自己是所在教区的首领。在基督徒看来，所有信教者，无论是领主还是平民，在和教会有关的任何事务上，都要尊敬并服从传教士。此外，传教士们宣扬教皇无误论，相信他们的宗教文化至高无上，他们的宗教事业就是真理，不可能有任何错误。在这样的信仰下，教士们在领主面前，不愿屈尊俯就，有时甚至对领主嗤之以鼻，这样的态度当然遭到领主的强烈抗议。希希福岛的领主阿塔曾抱怨过，约翰·托马斯都快要变成领主来统治他自己的人民了。而对于平民百姓而言，他们害怕受到惩罚和天神的报应，一直都是跟着领主行事。

第二，卫斯理教派的传教士们还遭遇了另一股特殊人群的抵制，即从欧洲来的非传教士。他们有的比传教士来得早，有的是临时造访汤加岛屿。这些人里有在海边拾荒的流浪汉，有捕鲸人，还有商人。对于流浪汉而言，看到越来越多的传教士到来，而且还在此定居，他们很不待见。部分原因是他们害怕传教士向当地的领主透露他们的底细，从而失去他们在领主那里精心培养起来的好名声、失去他们新得到的特权，同时也破坏掉他们喜欢并想要保存的波利尼西亚生活方式。因此，这些人千方百计地刁难这些传教士。

捕鲸人和商人不时造访这里的小岛，寻找新鲜水果、蔬菜、猪肉、椰油等当地特产，他们也越来越对传教士心存憎恨，他们觉得汤加人变得越来越精于买卖和传教士不无关系。

传教士反对售酒令，这让汤加的到访者们深为痛恨，他们认为传教士对他们的利益构成了威胁。此外，传教士的高傲态度也让他们非常恼恨，虽然他们没能最终如愿破坏传教士在汤加的影响力，但是他们的对立激起了传教士的愤怒，同时也让传教士沮丧不已。

第三，传教活动初期的失败也和传教士本身的观念和素质有关。他们深信不信教相当危险，相信他们传教的事业正义无比，上帝召唤他们来拯救迷失方向的人，他们要不惜一切代价让汤加人信奉基督教。结果，他们急切地想把自己的宗教观念强加在当地人身上，一开始不免操之过急。此外，他们中的很多人没有接受过正式的教育及针对传教任务的专门训练，很多人只有很少的教育背景，多数只是在卫理公会主日学校学习了一点儿阅读、拼写、写作和简单的算术。福音教派相信主是万能的，无论发生什么事情耶和华最终都能获胜，因此也就认为传教活动没有必要进行事先培训。然而正是因为没有得到恰当的训练和进行充足的准备，托马斯和哈金森像他们的前任一样，遇到了很多困难。由于不懂汤加语，在初期和当地人相处颇费周折；由于没有基本的医学技能，他们的工作也遭遇困难。当时，领主阿塔的儿子马塔埃勒（Mataele）得了重病，托马斯没能治愈，后来被送到本地的神庙以后反而病情好转恢复了健康，于是阿塔得出结论，认为还是传统宗教正宗，从那以后对传统宗教深信不疑，这让托马斯追悔莫及。除了这些不足之外，托马斯当时年纪尚轻，缺乏经验，不太懂得处世的策略和技巧，因此有意无意地激怒过许多领主，尤其是阿塔。有一次，阿塔的妻子帕帕（Papa）没有征得托马斯的同意，带着一行人参观了他新建的欧式房子，当众受到托马斯的严厉斥责。这让阿塔对托马斯失去了信任。因为在希希福人看来，这样对领主的妻子说话是极大的冒犯，换做当地人这样做，会被乱棍打死。托马斯虽然所幸没有遭此厄运，然而阿塔认为这是对他妻子的极大侮辱，从那以后严禁任何人参拜教堂和前去祈祷。阿塔在当地是一名伟大的领袖，拥有极大的影响力，也是汤加传统生活的坚定捍卫者，如果传教士能够首先赢得他的信任，整个希希福地区都会改信基督教，进而影响到整个汤加塔布岛，可惜的是卫斯理教会失去了他的信任。后来托马斯夫妇决定搬往努库阿洛法，阿塔还用他自己的船只亲自把这些传教士送了过去。1833 年阿塔去世，至死没有信奉基督教。1837 年，希希福岛的传教活动重新开始。

由于以上种种原因，传教士在汤加开始传教的头几年，受到了本土祭司和领主统治下的汤加人的集体对抗，也直接导致了劳里 1822～1823 年在穆阿、约翰·托马斯和约翰·哈金森 1826～1829 年在希希福岛的传教都以失败而告终。此后，阿塔在希希福岛的继任者、哈阿哈维（Ha'a Havea）家族在瓦赫娄托（Vahe Loto，汤加塔布岛的中心地带）的领主以及当时在哈哈科（Hahake，汤加塔布岛东部地区）的图依汤加都对传教士的活动大加抵制，极大地推迟了基督教在汤加塔布岛的传播。

2. 传教进展

传教活动虽然接连在穆阿和希希福失败，但是最终在努库阿洛法取得重大进展。一个重要的原因是传教士跟汤加人打交道越来越有经验，一些传教士的手段和方法日趋灵活和成熟，对于活动的顺利突破起到了很大的作用。这些传教士里面最出色的要数纳撒尼尔·特纳牧师，当初希希福的两名传教士请求撤销传教活动，悉尼召开紧急会议时，就是特纳力争挽救传教事业。他受过良好教育，对未来充满信心，在跟汤加人接触时头脑灵活，行事机智。在对情况充分了解之前，绝不就他们的政治议题唐突建议、横加干涉；在领主们对待传教一事存在分歧时，他总是坐下平心静气地和他们交谈，说话的方式通俗易懂。无论是汤加人，还是基督徒，抑或异教徒，都对他尊敬有加。传教会的官方历史学家称，"他的到来改变了传教活动的面貌，也改变了汤加的未来。他在失败的阴影中抓住了成功的一线希望……很少有人能够在如此短的时间内取得如此多的成就"[1]。

纳撒尼尔·特纳来汤加之前在新西兰做过传教士，和当地的毛利人相

---

[1] Findlay G. G. and W. W. Holdsworth, *The History of the Wesleyan Methodist Missionary Society*, London. op. cit., 1921, pp. 266 – 267. 转引自 Noel Rutherford（ed.），*Friendly Islands：A History of Tonga*，Oxford University Press，1977，p. 122。

处过一段时间，积累了一些经验，这些都很有益于他在汤加的工作，比如他对当地的习俗和传统有更多的包容和同情，能够对语言的基本规则有一个大致的了解，从而很快就掌握了汤加语。后来他还编制了汤加字母表，这些字母表在 20 世纪 40 年代时由汤加国王做过一些修订，沿用至今。努库阿洛法的传教工作迅速繁荣起来，1828 年 11 月时，努库阿洛法的教堂就已经爆满，许多人不得不等候在外面。除了教堂服务外，他们还把这些新教徒组织起来进行小班授课，教给他们关于上帝、人以及罪罚的基本教条，教给他们尊重《圣经》的权威。领主和平民同为群体成员，无形中打破了领主和平民间的传统隔阂。此外，教会还组织了爱心集会（Pōlotu'aho）、祷告会以及主日学校，旨在施惠下一代。

1829 年 1 月 4 日，汤加的第一个洗礼仪式在努库阿洛法举行。1829年传教士们开始尝试把《圣经》翻译成汤加语，认为这对当地人信奉基督教至关重要，每名传教士都被分配了一些翻译任务。

从传教伊始，建立学校就是传教的必要活动，一方面为了使新教徒能够自行阅读《圣经》，进行书信交流，另一方面是为了破除当地人的迷信，加强他们对新观念的接受和理解。然而早期开设的很多学校由于传教活动的失败或是领主的干涉没能长久坚持下来，直到纳撒尼尔·特纳和威廉·克洛斯（William Cross）在努库阿洛法开展传教活动，学校才真正繁荣起来。和之前的学校不同的是，特纳开设的学校重视人们对当地语言的学习，很快能读会写带来的光环就吸引了很多人前来学习，后来印刷商的到来更是极大地加速了知识的传播。

此外，成功行医也推动了传教活动的开展。当时困扰汤加人的疾病有热带莓疹、热带溃疡，以及欧洲人带来的新的疾病。汤加人不知道这些病真正的起因是什么，也不知道怎样治疗，他们就把这些不幸归因于众神之怒，或是已故亲人在表达不满，因此，他们也就认为所有药的效力都和众神的力量有关，无论这些药是传教士还是异教徒的祭司提供的。努库阿洛法的传教士在帮助当地人对抗疾病方面卓有成效。特纳曾经写道："……我们在这方面（医药）的成功吸引了很多人从岛屿的四面八方赶来，这成了他们加入我们的重要原因。一旦治好一个病人，他的亲友看到他回去后，他们会举家搬到努库阿洛法居住，并参加我们组织的宗教集会。"①

传教士们手中的欧洲货物对汤加人也有极大的吸引力，约翰·托马斯曾说："如果我有好东西，不仅能节省时间，而且能让当地人对我们和我们的传教产生好感。""很多汤加人一开始对我们的宗教感兴趣，就是因为相信这样他们能得到从欧洲运来的货物。"

3. 传教成功

基督教来到汤加时，汤加国内正处于连年内战之中，三个主要岛屿的领主之间对峙和竞争已久。虽然英国传教士遇到的最大的障碍来自当地领主，如希希福岛的领主阿塔本人不同意入教，也严令禁止统治下的臣民入教。然而基督教在汤加最终得以成功传播，最后的突破口也是一些领主，这些领主多在权力斗争中处于劣势或边缘地位，和他们强有力的政治对手笃信传统宗教、抵制新兴事物不同，他们对一直以来信仰的神灵逐渐怀疑起来，尤其是在受到西方先进文明冲击，震惊于白人的财富、科技以及科技带来的力量时，他们认为传统的神学无法解释这一切。最终，一些人相信，要想得到白人的财富、知识和权力，就要信仰他们的宗教，因为这些白人肯定是从比他们更为强大的神那里得来的这些东西。

图依卡诺库柏鲁（汤加第三代王朝）家族就是基于这个原因开始接受卫斯理教，这或许是整个传教活动取得重大进展最有意义的一个因素。正当希希福岛的领主阿塔拒绝接受基督教的时候，图依卡诺库柏鲁家族成员的加入为传教活动取得重大突破，加速了工作进程，其中的关键人物是陶法阿豪，他是时任图依卡诺库柏鲁的孙侄，后来成为汤加著名的国王图普一世。陶法阿豪的父亲及祖父都曾当过图依卡诺库柏鲁，他们都试图通过传统神灵让图依卡诺库柏鲁成为汤加最高权力的象征，然而似乎神灵不济，他们的努力都以失败而告终，对自己神灵的失望使他们转而寄希望于耶和华，信仰耶和华为唯一正确和万能的神，期望上帝能够在未来给他们

---

① N. Turner, to the Committee, 6 May 1831, W. M. M. S. 1818 - 36, item A2832. 转引自 Noel Rutherford (ed.), *Friendly Islands: A History of Tonga*, Oxford University Press, 1977, p. 124。

带来希望。

基于这样的考虑，当时的图依卡诺库柏鲁阿里莫图阿（Aleamotu'a）不断请求给自己派来专门的传教士。他先是同托马斯商谈，后来在年轻传教士维斯（Weiss）1827年回悉尼时谈过此事，于是维斯和纳撒尼尔·特纳以及克洛斯从澳大利亚回来后，决定将传教点设在阿里莫图阿所在的努库阿洛法。虽然中间由于其他领主的强烈反对，阿里莫图阿去教堂参加礼拜间断了一段时间，但是卡诺库柏鲁的任期一满他就又重新参加了基督教的活动，并于1830年1月18日接受了洗礼。在这之后，他力劝其他领主接受基督教。

传教活动成功的关键人物是哈派群岛的领主陶法阿豪，他非凡的领导才能不仅极大地促进了传教事业的发展，而且对汤加做出了巨大贡献，争取他入教是当时传教活动取得的最伟大成果。起初，他和一些前任以及在位的领主一样，对汤加传统宗教逐渐产生怀疑，在阿里莫图阿的鼓励之下，他决定彻底考察基督教。1827~1828年间，他多次来到汤加塔布岛，会见那里的传教士，以及一些已经信仰基督教的亲戚，并在1828~1829年间屡次请求派遣传教士到哈派群岛，答应给予照顾，建造专门的住宅和教堂，承诺他和他的人民会前去参加宗教活动。

陶法阿豪是一个行动力非常强的人，他带领他的人民学习读和写，决心竭尽所能来学习这一新的宗教。为了让他的人民信教，他不断做出在当时看来惊世骇俗的举动，向人们展示打破旧有的宗教禁忌不会带来惩罚。作为哈派群岛的领主，他的行为相当有影响力和感召力。1831年8月7日，陶法阿豪受洗，出于对当时英国国王乔治三世的敬仰，他给自己起名"乔治"。

在陶法阿豪的影响下，瓦瓦乌群岛的领主菲瑙也随即改信基督教，虽然此举招来了内部保守派的反叛，然而在陶法阿豪的帮助下叛乱很快被镇压了下去，菲瑙也因此在1833年任命陶法阿豪为自己在瓦瓦乌群岛的继任人，由此陶法阿豪实现了对所有北部岛屿的统治，这些地方也顺理成章地成为基督教区。

在这样的情形之下，一些传教士和图依卡诺库柏鲁家族成员担任的领主或是他们的追随者的子女缔结婚姻，作为政治婚姻的产物，这些领主管理下的人民也自然信奉基督教了。许多汤加人在领主信奉基督教之后，也敢于和乐于直接成为卫斯理教会成员，信教的队伍也慢慢壮大起来。对于平民而言，信仰基督教给他们带来的利远远大于弊，在传统宗教中，他们被称作"食土者"，死后没有灵魂，而是像昆虫一样进食泥土，没有任何地位可言；然而基督教告诉他们他们会像领主一样有灵魂，死后一样有生的权利，因此许多人入教后相当虔诚，一些人甚至准备好为信仰牺牲一切。

四 国家统一和图普一世

19 世纪二三十年代，在陶法阿豪的支持和带领下，基督教在汤加中部的哈派群岛和北部的瓦瓦乌群岛迅速传播开来，影响力越来越大。汤加主岛即南部的汤加塔布岛上的旧势力日渐感到不安，冲突不可避免。陶法阿豪最终在这场争斗中得胜，完成了汤加的统一，同时使得基督教最终传遍了汤加南北各个岛屿。

南部的汤加塔布岛作为汤加的主岛，一直是权力之争的中心，陶法阿豪的父亲和祖父在长期的权力争斗中败落。岛上的哈阿哈维家族是当时汤加塔布岛的实权派，作为得势者，他们对传统宗教深信不疑，是坚定的保守派。他们看到陶法阿豪信奉基督教，统治了北部岛屿之后，更是将基督教和陶法阿豪都看作眼中钉，极力阻挠基督教在当地的传播，并决定将汤加塔布岛上的基督徒驱逐出去，后来还打算秘密罢免时任"图依卡诺库柏鲁"阿里莫图阿，他是汤加塔布岛上基督教的根据地努库阿洛法的领主，也是陶法阿豪的叔父。这一举动犹如一根导火索，点燃了双方的矛盾，爆发了 1837 年内战。陶法阿豪率领众多战士从北方赶来，重创了哈阿哈维的部队，最终对方承诺停止迫害基督徒。然而陶法阿豪回到北方不久，1840 年，矛盾又起，战争再次爆发，陶法阿豪全速赶来和来到的英国军队共同遏制住事态发展，最终迫使哈阿哈维投降，汤加实现和平。

在整个冲突中，虽然当时哈阿哈维的实力最强，但是传教士和教徒们都始终坚定地支持阿里莫图阿和陶法阿豪。把图依卡诺库柏鲁看作汤加合法的权力象征，把其他宗族视为叛军。这一点并不违背汤加历史，因为从15世纪权力分化、图依汤加不再一家独大之后，相当长一段时间图依卡诺库柏鲁都是汤加的实权派。由于陶法阿豪在战争中的出色表现，阿里莫图阿在1845年去世前，指任陶法阿豪为下一任图依卡诺库柏鲁。至此，陶法阿豪成为汤加三大群岛的头领，也顺理成章地成为整个汤加的统治者，陶法阿豪成为图普一世，开启了统一汤加的图普王朝。虽然后来又受到了哈阿哈维在罗马天主教支持下的反抗，爆发了1852年的最后一次内战，然而很快战乱得到了平息，汤加最终实现统一。

尽管对国王的反对和不满一直持续到大约1860年，图普一世在他长期统治期间仍取得了很多成就，这些成就在所有太平洋岛国中很多是独一无二的。

在传教士的帮助下，图普一世完成了对汤加来说最重要的两件大事，一个是平定各方叛乱，建立中央政府，统一汤加；另一个是在全国颁布宪法，实行宪政。为了强化统治，保护汤加不受外族侵害，在卫理公会传教士的建议下，图普一世引入了法律，第一个书面的法律文件是1839年颁布的《瓦瓦乌法典》，当时适用于瓦瓦乌和哈派两地。1850年，该法典在传教士的帮助下得到修订，并在1862年由谢利·贝克牧师再次修订，之后贝克牧师起草了汤加宪法，1875年颁布实施。宪法给予平民自由，同时将旧式的领主变为新式的贵族，禁止将土地出售给外国人，确保汤加土地永远归汤加所有。最为称颂的是，图普一世通过与欧洲国家签订一系列条约，巧妙地利用一国关系牵制与另一国的关系，确保了汤加永远避免成为殖民地，当时正逢欧洲列强在南太平洋各个国家掀起殖民大潮，汤加的邻国斐济已经沦为殖民地，图普一世能够做到这一点实属不易。据说，在制定法律条文时，图普一世每次都主动过问，甚至字斟句酌，法典终稿内容的决定权始终在他和他的领主们手中。

时至今日，图普一世仍是汤加人心目中的英雄，不仅是因为他统一了汤加，更因为他在统一汤加后不是忙于排除异己，而是将国家利益摆在首位，带领汤加抵御外来威胁和危险。后人对他的尊重多来自于他在位期间种种旨在保证"汤加人的汤加"的努力。

图普一世在位期间，他与英国传教士谢利·贝克的关系曾饱受争议。谢利·贝克曾官至汤加的首相，与国王过从甚密，并协助国王完成了许多重要事务。然而他们的关系并不为外界所认可，国内贵族认为国王受到谢利·贝克的操纵，并因为许多法规的制定损害了他们的利益而对贝克怀恨在心；而英国方面也将谢利·贝克视为眼中钉，因为贝克并不听他们摆布，不仅没给他们带来好处，反而造成了许多障碍。后来贝克因为试图建立独立于澳大利亚方面的汤加卫斯理自由教会，并对国内不愿易宗的信徒进行迫害和流放，最终引起骚乱，险遭暗杀，英国趁机对其施压，将贝克驱逐出汤加。此后不久，图普一世于1893年逝世，享年96岁。图普一世的逝世恰逢19世纪末，对于汤加是一个时代的结束，也是另一个时代的开始。卢瑟福曾这样评价他，"汤加王国由他一手创立，终其一生他都在为汤加的独立、繁荣和人民福祉而操劳。他在汤加堪称最伟大的人物，可能在所有其他国家中也可以称得上"①。

19世纪对于汤加来说是一个重要时期。国家政权统治方面，结束了几个世纪之久的权力分化和内战状态，实现了国家多个群岛的统一，加强了中央集权，建立了新的图普王朝，随着1875年宪法的颁布，汤加成为太平洋岛国唯一的君主立宪制国家。国家意识形态方面，传统宗教土崩瓦解，国民自上而下接纳了西方的基督教，时至今日，汤加仍是虔诚的基督教国家。这些对汤加产生了巨大的革新性影响，极大地改变了汤加社会。

第四节　现代简史（1893～1965年）

图普一世开创了统一的汤加王国，统治期间取得了许多令人瞩目的成就，为后人称颂，他为汤加王国的稳固奠定了良好的基础。然而他的继任

---

① Noel Rutherford, George Tupou I and Shirley Baker, Noel Rutherford（ed.）, *Friendly Islands: A History of Tonga*, Oxford University Press, 1977, pp. 171–172.

者们在统治期间并不轻松。汤加的独立在图普一世后期，尤其是图普二世时期受到了巨大的挑战，英国不断干涉汤加内政，甚至无视汤加宪法，将政令强加于汤加议会。慑于英国的强势地位，汤加在 20 世纪初沦为英国的保护国，直到 1970 年汤加宣布完全独立。

一　图普二世时期（1893～1918 年）

图普一世在位期间通过立法等措施极力保持汤加的独立，取得了很大的成效。宪法的颁布为汤加赢得了国际社会的认可。汤加和德国于 1876 年 11 月在努库阿洛法缔结友好条约，英国担心自己的利益受损，随即于 1879 年与汤加签约，确保自己享受和德国一样的贸易优惠。通过这些条约，当时两个最大的欧洲帝国认可了汤加，并且宣布与其保持"永久和平和友好"关系。

英国对汤加内政的干涉一开始还有所顾忌，担心汤加会转而和其他国家交好，但是局势在 19 世纪后期有所改变。从 1890 年开始，汤加政府陷入管理和财政困难。这一年，英国驻西太平洋高级官员约翰·瑟斯顿（John Thurston）来到汤加，在汤加一些领主的支持下，罢免了长期受图普一世重用的首相谢利·贝克，并将其驱逐至新西兰，任命图库阿豪（Tuku'aho）为新任首相，并安插英国官员巴兹尔·汤姆森（Basil Thomson）为副首相，这公然侵犯了国王的权威，也是对汤加宪法的违背，因为当时的宪法规定只有国王才有权任免首相。图普一世对英国强加于他的新任政府不满，一气之下退隐到哈派群岛。后来在新政府管理下汤加财政和社会趋于稳定，图普一世才又回到首都努库阿洛法，1893 年在那里逝世。汤加为他举办了隆重的葬礼，人民为其服丧达半年之久，这在所有国家都属罕见。之后，英国不断加强对汤加的控制。1900 年，英国将所谓的"保护和友好条约"强加于汤加，成为汤加的保护国。虽然英国方面承诺不干涉汤加内政，却仍要求汤加的外交、地方和财政事务都要向其咨询。

图普一世去世后，他的重孙乔治·陶法阿豪登基成为图普二世。由于其父亲图依派乐哈克（Tu'i Pelehake）没有姐妹，也没有女儿，乔治·陶

汤 加

法阿豪在王子时期就免受珐笋关系①的管制和约束，而且由于他父亲的祖母是图普一世的姐姐，因此他在家族关系上甚至高过图普一世的其他后代。他同时还是瓦瓦乌群岛和哈派群岛（除汤加塔布群岛外的另外两个主要群岛）的领主。因此，图普二世是在溺爱中成长起来的，一切都要遂他心愿，性格上我行我素，从来不担当任何责任，这为国家的不稳定埋下了祸根。

　　汤加王室婚姻向来是家族间政治联姻，以利于稳定统治。然而图普二世不愿意委曲求全，他不顾贵族和领主们的反对，没有接纳他们给其安排的婚姻，而是娶了时任首相的女儿，这使得家族间反目成仇，形成对立。相当长一段时间图普二世连人身安全都受到威胁，没有保镖不敢出门。此外，图普二世挥霍无度，政府因此欠下外商巨额债务，使得议会大为不满。这引起了英国政府的重视，英国与汤加在 1905 年签订了《英汤补充条约》，进一步限制汤加的独立，尤其规定所有财政事务及高级官员的任免都要咨询英国驻汤加领事。

　　然而，后来一件事情让汤加人认识到，英国领事的权力也应当有限度，不能凌驾于国王和政府之上。1909 年英国人阿利斯泰尔·卡梅伦（Alistair Cameron）在汤加建立了贸易联盟公司，名为"汤加人的汤加"（汤加语为 Tonga Ma'a Tonga Kautaha），旨在将椰干直接卖给国外买家，收益全部分给联盟成员。如其名称所示，该公司昭示着一场民族主义运动，目的是打破欧洲人在汤加的金融控制，使汤加获得经济独立。不难想象，汤加人纷纷加入该公司，一年内就在瓦瓦乌群岛建立了公司总部、存放椰干的库房，以及用来出货的码头，并计划在哈派群岛和汤加塔布岛拓展业务。这无疑激起了汤加外籍商人的强烈抵制，他们要求英国领事坎贝

---

① 珐笋关系指以女性亲属为上为尊的传统习俗。在汤加，男性成员的姐姐、妹妹和姑姑本人甚至其儿孙地位都相对较高，男性亲属及其儿孙在其面前要俯首听命，以示敬意。汤加王室实行近亲通婚。图普二世是由图普一世女儿的儿子和儿子的女儿通婚所生，是图普一世的重孙；而从另一个角度讲，图普二世的父亲还是图普一世姐姐的儿子与图普一世的女儿所生，图普二世也是图普一世姐姐的重孙，因此根据珐笋习俗，图普二世比图普一世的其他后代在家族地位上要高出一些。

尔（Campbell）保护其利益。在搜集证据后，坎贝尔要求汤加内阁查封卡梅伦的公司，没收其财产，并于 1910 年就卡梅伦公司财政赤字和诈骗向法院提起诉讼。不料这一诉讼遭到失败，并被卡梅伦反诉，要求赔偿其公司在被告期间停业的巨额损失。这使得坎贝尔及时任汤加内阁信誉大跌，汤加首相被迫辞职，坎贝尔也受到英国下议院的质问。1911 年英国高级专员来到汤加调查此事，认为坎贝尔在汤加的一系列行为超越了其权限，没有对汤加的合法政府表示应有的尊重，坎贝尔随后向汤加国王致歉并被调离汤加。他的继任者有了前车之鉴，为避免出现坎贝尔的错误，行事非常谨慎，对汤加内政事务的干涉仅限于 1905 年条约规定的范围之内，汤加由此重新获得了较大程度的独立。这次事件让汤加人看到英国领事的权力有限，不能凌驾于国王和政府之上，汤加人心更为统一，国家经济也有了一定程度的增长[1]。此后第一次世界大战期间，汤加谨守合约关系，将支持英国视为己任，更是让之后在汤加任职的英国官员不敢轻易侵犯汤加的独立。汤加的独立地位由此得到了保证。1918 年图普二世去世时，他留给女儿的国家完好无损，虽然主权受到限制，但仍然是太平洋岛国里唯一独立的国家。

二 萨洛特女王时期（1918～1965 年）

1918 年，图普二世 18 岁的女儿继承了王位，即萨洛特女王，被称为图普三世。从 1918 年继位到 1965 年去世，萨洛特女王在位的 48 年，被世人看作汤加历史上的黄金时期。这段时间，汤加与外部世界少有来往，社会日趋稳定，尽管发展缓慢，然而人民生活、教育、健康状况得到稳步提升。

萨洛特女王在位早期，国内曾有一些不安定因素。人们在西方文明的冲击下，自信心渐失，民族认同感降低；国内宗教四分五裂，不断发生分歧；等等。萨洛特女王凭借她的和蔼、宽容、优雅、亲民，将汤加人民日

---

① Martin Daly, *Tonga: A New Bibliography*, Honolulu: University of Hawai'i Press, 2009, p. 7.

渐凝聚起来。1885 年，由于教会高层内部意见不统一，汤加的卫斯理教会发生分裂，当时的图普一世国王和谢利·贝克首相组建了新的汤加自由卫斯理教会（简称自由教会），与汤加最初的卫斯理教会以及卫斯理教会在澳大利亚和英国的总部等外部所有教会脱离关系。自由教会在国王和首相的支持下日渐发展壮大，采取了许多强硬手段逼迫汤加人退出原教会，加入自由教会。一个国家有两个教会，势必影响民族团结和家族和睦。萨洛特女王本人即深受其害，她属于自由教会，而丈夫是卫斯理教会，双方对孩子的宗教信仰产生分歧。因此，为了让国家更加统一稳定，家族和睦，让两个本来同根的教会统一起来是萨洛特女王最大的心愿之一，她曾为此费尽周折。然而汤加人对待宗教的态度，多数情况下，并不是基于信仰和教义，而更多和家族有关，如果家族间和睦，则倾向于加入同一个教会，反之则不然。对待这种分歧，和谢利·贝克担任首相时采取强制措施逼迫人们改信自由教会不同，萨洛特女王持相对宽容的态度，她给予人民选择的自由，对于那些违背她的愿望没有加入统一教会的人，她也一视同仁。虽然最终教会没能如女王所愿合而为一，然而女王对待民众的宽容和对国家统一的热忱，都深受汤加人民感激和尊敬。

除了在宗教问题上萨洛特女王赢得了国人的信赖，她的个人魅力也为国人称道。1953 年英国女王伊丽莎白二世举行登基庆典时，萨洛特女王专程前往祝贺，她穿着西式服装，在雨中脱帽致礼的形象优雅得体、不卑不亢，赢得了当地人的尊重和爱戴。据说一直到现在，凡是参加过女王登基庆典的英国人对汤加的印象多来自萨洛特女王的这次访问。女王回国后，收到大量对她表示问候和喜爱的信件。汤加人民看到自己的女王为外人所接纳，并受到如此爱戴，也颇受鼓舞。同年 12 月，英国伊丽莎白女王和爱丁堡公爵访问汤加更是让全体人民振奋。汤加以传统大型宴会的方式准备了丰盛的食物、编排了庆典歌舞、建造了欢迎拱门等，英国女王的到访在这个太平洋岛国掀起了不小的波澜，也让好客的汤加人感到异常自豪。

萨洛特女王热爱本民族的传统和文化，她在位期间，开展了大量保护国家传统习俗和礼仪的工作，在很大程度上提升了汤加民众的民族认同感和自信心。她宫殿的大门对所有人敞开，许多人甚至会前去对她吐露心声和倾诉秘密，这些密切接触不仅赢得了民心，而且让她有机会了解许多家族的历史。汤加面积并不大，民族单一，祖先同源，追溯家族历史能够发现家族间许许多多的联系，从而增强家族间的亲近感，促进团结。汤加这种家族式的社会结构有着特有的传统习俗和礼仪，萨洛特女王本人就严格遵守这些礼仪。例如，如果有礼物直接送到她手上，作为女王的她也会遵照习俗，在打开礼物之前先转交给地方领主，由领主取走他传统的份额。据说当时到访的欧洲人类学家都纷纷感叹女王对汤加传统习俗的了解，包括对王室卡瓦宴会上繁杂的习俗，女王都如数家珍，了如指掌。她于1952 年成立了汤加传统委员会，在议会上曾宣称："人们的习俗是他们的宝贵遗产。"她与传统委员会的委员们交流了许多领主和其他家族的家史，这些知识多基于她平时和汤加老人频繁的交流。[①] 在西方学者如伊丽莎白·波特的帮助下，女王和一些汤加学者做了大量工作，记录汤加的传统文化和历史。这让汤加人获得了一种新的自信，增强了对自身民族价值的认同。

在萨洛特女王亲民爱众的开明统治下，汤加社会有所发展。1920 年汤加在首都努库阿洛法建成了第一个无线电台，另一个无线电台于 1925年在瓦瓦乌群岛建成；1921 年建立土地法庭；1926 年汤加国有储蓄银行（State Savings Bank）建立；1928 年，涉嫌轻微刑事案件的欧洲人不必再在英国领事法庭受审，开始在汤加当地法庭受审。萨洛特女王也因其英明决断为后人所称道。例如，她曾果断禁止劳工部从吉尔伯特群岛和纽阿斯群岛招募劳工来汤加修建公路，原因是担心这些人会留在汤加，跟当地人通婚，破坏汤加种族血统的纯正。因此，尽管汤加在现代社会出现很多问题，却没有由于多民族矛盾引发严重的社会问题。在萨洛特女王统治期间，汤加一直是英国的保护国，英国政府甚至还因其英明统治为她颁发了"大英帝国女勋爵士"等多枚奖章。

---

① A. H. Wood, & Elizabeth Wood Ellen, Queen Sālote Tupou Ⅲ. From Noel Rutherford（ed.）, *Friendly Islands: A History of Tonga*, Oxford University Press, 1977, p.194.

汤 加

在萨洛特女王统治期间，汤加经济有较大发展。初期，汤加只有一种出口产品，即椰干。1929 年经济萧条弥漫全球，汤加的椰干出口受国际价格影响，1931 年跌至最低点，损失惨重。女王在议会闭幕发言中，敦促国民种植多类出口作物，尤其是香蕉等，汤加的出口经济得到保障。二战结束之后，汤加经济渐有起色，成立了许多建筑公司，政府购置了同澳大利亚、新西兰以及其他岛国经商的货船，改善了码头设施，发展了渔业。

女王全力推进农业、医疗和教育事业，甚至在许多方面起到领导作用。卫生部在农村建造了混凝土蓄水池和卫生设施；洛克菲勒基金会在1924 年开展了抗击钩虫病的活动，得到政府的大力支持，取得了良好成效。该基金会在汤加和其他南太平洋岛国政府财政支持下，1929 年在斐济苏瓦建立了中央医疗学校。每年汤加政府和教会学校都会派遣学生前往进修学习，获取助理医师资格。1929 年，政府每年提供奖学金供学生出国接受中学教育。1931 年教育委员会开始关注小学教育，当时在大多数村庄，政府小学和教会小学已经并行存在 50 余年。1932 年有人建议将小学教育全部交由教会负责，并提交议会审议，遭到强烈反对。汤加有两所主要中学，一所是图普中学（Tupou College①），由自由卫斯理教会主办，一所是汤加中学（Tonga College），由汤加政府主办，这两所中学的毕业生在汤加社会的各个方面起着举足轻重的作用。20 世纪 30 年代后期，汤加的中等学校，无论政府还是教会主办的，都派遣学生前往国外的大学继续深造。1944 年，为了加强教师培训，政府建立了专门的教师学院。在所有院校里面，女王最关注的是萨洛特王后中学（取名自图普一世主妻萨洛特王后，是萨洛特女王的高曾祖母）。该中学 1866 年从图普中学分离出来，专为女子开设，旨在促进女子教育，除了提供学业和家务方面的教育之外，该学校的女生在很多国事场合中的舞蹈表演尤为出色。

汤加和英国的关系极为密切。二战初期，萨洛特女王告知英国政府汤加将把"所有资源都交由英国支配"。女王要求所有政府官员，从她自己到小职员，将薪金的十分之一拿出作为战备基金。汤加还通过民间捐助送

---

① 在英联邦教育体制中，较大规模的中学称为 college。

给英国三架战斗机，第一架命名为萨洛特女王号，曾在 1941 年为英军效力；第二架命名为汤吉王子①号，1944 年参与掩护盟军诺曼底登陆；第三架命名为图普一世国王号，参与了太平洋战争最后阶段的战斗。1945 年 12 月，汤加庆祝图普一世称王统一汤加 100 周年，英国政府赠予汤加一组礼炮。1951 年举行庆祝英汤签订《友好和保护条约》（1900 年签订）的庆典时，汤加回赠的礼品为在哈派群岛利富卡岛的沙滩上挖出的枪支，曾在 1806 年菲瑙·乌卢卡拉拉俘获海盗船时埋下，后陈列在英国驻汤加领事馆。同年，英国向汤加赠送了一把椅子，放在王宫内枢密院会议室中。1953 年伊丽莎白女王登基庆典时，萨洛特女王专程赶往英国庆祝；同年年底，英国女王来到汤加小住了两天。因此，在萨洛特女王统治时期，英汤关系非常密切。

汤加和美国的关系在这段时期也得到提升。1942 年汤加为二战中的美国军队提供住宿，并动用各种设备帮助美国将战时物资运入汤加，美国在汤加塔布岛的驻军曾达到一万人。1943 年底战争接近尾声，几乎所有的美军撤离汤加，随后新西兰派驻军队。在汤驻扎的外国驻军为汤加提供了一部分财政收入，女王希望节约使用这笔资金。汤加在二战初期组建了汤加国防军，曾达 2700 人，也曾经选派 50 人的分队前往所罗门群岛，和新西兰以及斐济的军队一起战斗。参加一系列政治活动也再次确定了汤加在太平洋地区乃至英联邦内作为统一国家的稳定地位。

1965 年萨洛特女王去世，举国悲痛。在她统治生涯中，汤加从一个与世隔绝的乡村社会转变为有了些许城市气息、与外界交流密切的社会。汤加塔布岛作为汤加的主岛，从外岛吸引来许多人，占到总人口的 60%。首都努库阿洛法从一个只有 3000 人的小村庄发展为拥有 25000 人的城镇。汤加教育和卫生状况得到改善，出口增加。这些进步也不可避免地带来了一些负面影响，人们追求更高标准的生活，物质主义开始盛行，影响传统的家庭生活，甚至侵蚀宗教信仰。西方生活方式给汤加既带来了好处，也带来了坏处，这在其他岛国也是如此。在萨洛特女王统治期间，汤加有得

---

① Prince Tungi，萨洛特女王的丈夫。

有失，然而不可否认的是，女王以其热诚和正直使汤加避免陷入社会和道德困境。

第五节　当代简史（1965 年至今）

从 1845 年图普一世统一汤加后，汤加仿照西方律法进行制度改革，借鉴西方政府、法律、教会以及土地使用制度，有了现代社会的萌芽。汤加较大规模的现代化是从 1965 年图普四世继位开始的，他带领汤加发展旅游业，争取外部投资，引进科学研究人员，着力发展现代经济。随着汤加国门的开放，汤加日渐融入全球化中。与此同时，随着外部环境的改变，汤加受教育人群的增多，思想认识产生变化，汤加正是在这个时期兴起民主运动，并开始了循序渐进的政治改革。

一　图普四世的改革尝试[①]

萨洛特女王 1965 年去世，其长子陶法阿豪继承王位，成为陶法阿豪·图普四世，他 2006 年去世，在位 42 年。1970 年，汤加脱离英国，获得独立，但仍留在英联邦内。

图普四世从小接受西方教育，在成为国王之前，萨洛特女王就创造各种机会对其细心栽培，如送其到海外留学，指派他担任首相等，图普四世也没有辜负女王的期望，从求学时就思考和寻找国家发展的道路。他在悉尼大学法学院求学期间，意识到汤加不能总是处在外部世界的保护之下，需要在健康、教育、交通和通信等方面进行投资，经济上要减少对农业的依赖，加大工业和商业的比重，所有这些都需要争取外部资金，获取发展援助或者贷款。他在统治初期，处处寻求机会，想尽一切办法发展国家经济，改善人民的生活，其中既有成功，也有惨痛的失败。

早在 1968 年，汤加发现地表有石油渗液，政府期望开采石油，后来

[①]　Martin Daly, *Tonga: A New Bibliography*, Honolulu: University of Hawai'i Press, 2009, p. 7.

经过进一步勘探，发现汤加并没有石油存储。通过充分吸引投资，汤加建起了一家大饭店，成立了一家广播电台，发行了一份报纸，还建立了一家银行。汤加曾尝试开通国际航线，既提供客运也便利货运，最终以失败告终。国外一些唯利是图的商人利用国王急于求成的心理，骗取资金，使汤加蒙受了巨额损失。经过种种努力，汤加的工业规模始终很小，虽然有旅游业支撑，仍然无法建立以出口为主的经济。但是，香草豆和南瓜出口获得了成功，卡瓦和鱼类产品也很有发展潜力，这表明汤加发展的希望还在于自身特色资源。

汤加面临的挑战是，随着医疗体系日益完善，人口迅速增加，有限的土地资源开始承受越来越大的压力。许多年轻人迫于生活压力，同时在政府相关政策的鼓励之下，纷纷移民到新西兰、澳大利亚和美国，这成为政府当时解决经济问题的唯一选择，也造成了当代汤加经济严重依赖侨汇的怪象。

尽管国王的种种努力和尝试以失败告终，君主制在国民心中并没有动摇。这从1998年图普四世八十大寿时举办的盛大宴会和2006年去世时举国哀痛的景象中都可以略见一斑。图普四世去世后，汤加首相曾这样总结国王的五大成绩：致力于让所有汤加人获取基础和高等教育、致力于增加人民的财富和提高人民的生活水平、为促成国民向国外移民不懈努力、否决了没收海外侨民分配土地的立法提议以及做出了开创先例的重大决定——内阁大臣由人民选举出的首相推荐产生。图普四世去世之后，其长子继承王位，成为图普五世，其在1998年之前一直担任外交和国防大臣。

二 民主改革的历程及其影响

20世纪七八十年代，随着汤加受教育人群的增加，以及汤加与外界联系的日益密切，人们对国内的政治制度愈加不满，许多人开始呼吁政治改革。从1875年宪法颁布以来，汤加实行的是宪政下的君主制，然而议会并不像西方议会由民主选举产生。政府实际上大部分由国王、国王指定的政府官员以及小部分世袭贵族控制，成为汤加政治局势日渐紧张的焦点。

汤 加

根据汤加宪法，君主既是国家首脑，也是政府首脑，能够指任首相和所有内阁成员（君主和内阁共同组成枢密院）。在 2006 年之前，汤加的首相大部分是王室成员或者贵族，直到 2006 年才产生第一位平民首相。首相任期并不固定，例如萨洛特女王曾指任她的长子即后来的图普四世从 1949 年到 1965 年担任首相。汤加立法机构中除了所有内阁成员（大部分是各地区领主）外，有 9 位贵族议员，从全国 33 个贵族中选举产生，平民议员只有 9 位，通过普选产生。内阁大臣和贵族议员的数量远远超过平民议员，这也势必造成平民利益不会得到重视。

20 世纪 80 年代末，一项旨在削减国王权力、争取民主改革的运动悄然兴起，1992 年改革人士正式称自己为"汤加亲民主运动"组织（Tongan Pro-Democracy Movement），并得到选民的支持，然而国王一直对此持抵制态度。在 1987 年选举中，该组织得到了许多选民的支持，开始关注和致力于政治改革，1990 年选举时，该组织的支持率继续攀升，关注的焦点在调查出售护照等公共事件上，并由此对政府大臣问责。1998 年，该组织更名为"汤加人权和民主运动"，呼吁强化政府大臣的责任，提议内阁大臣不应由国王指定，而应该通过议会代表选举产生。该组织的活动一直比较温和，大多数人对改革的呼吁是在制度允许的范围之内进行的，他们并不明确要求君主听命于议会，他们内部也未能形成统一的思想、提出具体的改革项目，甚至有时会出现不同意见。虽然该组织在 90 年代的支持率仍稳步上升，然而人们对于其改革止步不前开始失望，在 1999 年选举时其支持率跌了大约三分之一（1990 年支持率为 58.1%，1993 年为 65.2%，1996 年为 65.5%，1999 年跌至 39.6%）[①]，2002 年虽然支持率有所回升，但仍没有超过半数。

国王的权力过度膨胀和专制，而且不受议会监督，势必会埋下祸根。2002 年，美国人杰西·博格多诺夫（Jesse Bogdonoff）将汤加国库的 2600 万美元（占汤加年收入的 40%）用于不良投资并挥霍殆尽，受到政府起

---

① Martin Daly, *Tonga: A New Bibliography*, Honolulu: University of Hawai'i Press, 2009, p. 10.

诉。杰西·博格多诺夫来汤加前经营磁铁生意，到汤加疗养，结识了国王并成为国王的常客。显然，没有国王的默许，杰西·博格多诺夫不可能动用汤加资产。尽管 2004 年他同意返还 100 万美元作为补偿，然而这一事件无疑大大地激怒了汤加人民，他们对国王独断专行深为不满。与此同时，王室和政府的腐败行为屡遭曝光，更是给民众的不满火上浇油。

对于此起彼伏的批评声，国王及其政府并没有深刻反省，而是试图通过立法来限制言论和出版自由。2003 年政府提起宪法修正案，允许政府对言论自由加以控制，主要目的是限制对政府的批评意见，尽管事后通过了"媒体限制法案"，但是部分修正案内容没有获得通过，最终被宣布无效。

由于立法改革迟迟不见行动，民众的不满最终在 2006 年 11 月演变为骚乱，这次骚乱和之前社会上出现的种种不稳定因素有直接关系。一方面，民主运动将近二十年的努力效果并不十分明显，始终没能形成富有成效的改革成果，民众的不满情绪日渐增加。另一方面，政府的种种表现仍然不尽如人意，如政府决策缺乏监管和透明度，导致发生美国公司诈骗，政府投资蒙受巨额损失。此外，一些媒体对于政府不当行为进行揭露报道，触到了政府的痛处，政府不但没有进行任何改进，反而试图立法对其予以限制，于是媒体将政府告上法庭，政府败诉，由此政府的公信力进一步下降。

基于对政府的种种不满，人们越来越寄希望于改革，改革压力日益增加，2005 年国王同意两位平民进入内阁，这在汤加尚属首次。2005 年 11 月汤加成立了"政治改革国家委员会"（National Committee for Political Reform），由图依派拉哈克王子领导，负责向公众咨询政治改革意向，于 2006 年国王离世前呈交了最终的调研报告，建议成立完全由民选产生的议会。除此之外，政府和平民议员代表也都各自提交了自己的改革方案，政府提议将这些方案交由议会委员会讨论并做出最终决定。2005 年 7 月到 9 月，汤加 3000 名公务员罢工，要求提高工资待遇，呼吁民主改革，然而此次罢工并没有涉及深入的政治改革。这一年，汤加民众对于经济和社会不平等的不满愈演愈烈，最终乌卢卡拉拉·拉瓦卡·阿塔王子

（'Ulukalala Lavaka Ata）迫于压力，于 2006 年 2 月辞去首相一职。

政治上的不稳定是 2006 年暴乱发生的原因之一，造成暴乱的触发点还包括：一是 2006 年大选前，各种竞选造势演讲言辞过于激烈，再加上新闻媒体大肆宣传，民间对政府的不满情绪被进一步煽动起来，这是暴乱发生的直接原因；二是部分旅居国外的汤加人因刑事犯罪被外国政府驱逐后回国，对汤加社会秩序构成威胁，这是暴乱发生的人为因素；三是国内就业压力增大，仇外情绪增加，大量中国商铺成为攻击的目标，这为暴乱提供了泄愤的借口。

11 月 16 日，在图普四世去世仅两个月后，努库阿洛法局势失控，许多政府办公室和商业场所遭到破坏，政府宣布国家进入紧急状态。这次暴乱影响巨大，政府直到 2011 年 2 月才宣布解除紧急状态。许多人走上街头抗议示威，其间还有人伺机纵火和抢劫，汤加国防军和警察紧急出动，仍然无法控制局面，直到从澳大利亚和新西兰紧急调来军队和警察，暴乱才最终得以平息。暴乱造成 8 人死亡，700 多人因煽动暴乱、纵火和抢劫罪被捕入狱，其中包括 5 名平民议员。暴乱对汤加经济造成重创，据汤加财政大臣估计，仅此一天汤加就损失了 20% 的 GDP。

这次暴乱虽然对汤加经济造成了巨大损失，但推动了汤加政治改革。2006 年大选产生了汤加历史上第一位平民首相，即亲民主运动领袖费乐提·塞维勒（Feleti Sevele），国王承诺推行民主改革，议会成立专门委员会对之前形成的改革方案进行讨论，最终决定：议会中保持 9 名贵族议员人数不变，平民议员增加至 17 人，首相由该 26 名议员选举产生后，提交国王同意，这相对于过去首相直接由国王指任有了巨大改变。国王可以独立指定四名内阁大臣，这四名大臣可以是首相没有选中进入内阁的议员，也可以是议会之外的人员。2007 年 9 月，此份议案在立法会议上得到通过，汤加政治改革终于有了成效。新的选举方案在 2010 年大选时首次得到实施。

日益民主的环境迅速催生了许多政党，由成立于 20 世纪 70 年代末的"汤加亲民主运动"发展而来的"汤加人权和民主运动"组织在 1992 年成立了政党，这是汤加最早成立的政党。2005 年成为汤加政治转折年，多个政党相继建立，如 2005 年成立的"人民民主党"（People's

Democratic Party），2007 年成立的"可持续的国家—建设党"（Sustainable
Nation-Building Party），2010 年 6 月成立的汤加民主工党（The Democratic
Labour Party of Tonga），以及 9 月成立的"友谊之岛民主党" （The
Democratic Party of The Pleasant Islands）。其中，"友谊之岛民主党"是从
"汤加人权和民主运动"组织中分离出来的，目前在汤加影响力最大，成
立之初在同年的大选中就获得了 12 个平民席位，在 2014 年大选中获得
10 个席位，该党领袖即现任首相阿基利西·波希瓦（'Akilisi Pohiva）。波
希瓦也是汤加民主运动的元老级人物，自 20 世纪末在汤加几乎家喻户晓。

　　从大约公元 950 年第一位图依汤加国王阿霍埃图统治汤加以来，汤加
的君主制已经存在了一千余年，作为太平洋岛国中仅存的君主制国家，汤
加的文化和传统得到了比较好的传承。目前在全球化影响下，无论政治还
是经济方面，汤加都在经历转型，不可避免地面临现代和传统的种种较量。
汤加人曾经在西方文明面前经历过困惑、迷茫和自卑，甚至发生过社会动
荡，然而现代汤加人随着受教育程度的提高，许多有志之士正在致力于发
展国家经济，重视教育和传统文化，积极探寻适合自己的汤加道路（the
Tongan way），民族自信心逐渐增强。此外，汤加国土面积较小，种族单一，
深受传统价值观的影响，这些也有利于汤加人形成向心力和凝聚力。尽管
当前的政治环境趋向民主化，汤加人长期以来对王室的忠诚和对传统文化
和价值观的尊重和维护，是保证汤加社会统一和稳定的基石。

第六节　著名历史人物

　　乔治·图普一世（1797～1893）　　即陶法阿豪一世，汤加王国的创
立者，建立了图普王朝，同时为第 19 任图依卡诺库柏鲁（汤加第三个王
朝执政者称号）。1820 年和 1833 年，陶法阿豪相继成为汤加两大群岛的
领主。1845 年，他接受委任，担任图依卡诺库柏鲁，开始统治汤加，自
称乔治·图普一世。在他的领导下，汤加结束了几个世纪之久的权力分化
和内战状态，实现了统一，加强了中央集权，建立了新的图普王朝。他乐
于接受新事物，同时为了保护自己的国家立足于国际社会，进行了一系列

政治改革，1835 年在瓦瓦乌群岛废除农奴制，1838 年颁布了汤加的第一部成文法律《瓦瓦乌法典》，1862 年设立了议会，1875 年 11 月 4 日颁布了宪法，使汤加成为太平洋岛国唯一的君主立宪制国家。与此同时，他取缔了传统宗教，使基督教成为汤加国教。他一贯坚持"汤加人的汤加"，为汤加没有沦为西方列强的殖民地奠定了坚实基础。

萨洛特·图普三世（1900～1965） 图普二世与第一任妻子的长女，世人常称她为萨洛特女王，同时为第 21 任图依卡诺库柏鲁。她 1918 年即位，在位 48 年，是汤加在位时间最长的君主。在位期间，汤加社会日趋稳定，各方面都有了长足发展，人民生活、教育健康状况得到稳步提升，被世人看作汤加历史上的黄金时期。她对宗教分裂宽容的态度和致力于国家统一的热忱，提升了汤加的凝聚力，深受汤加人民尊敬。她非常重视汤加传统文化遗产的收集和整理，不仅大力支持西方学者对汤加进行考古考察，记录汤加历史和文化，还在 1952 年建立了汤加传统委员会并担任主席，提升了汤加民众的民族认同感和自信心。她还喜欢写作，爱好创作诗歌。1953 年英国伊丽莎白女王二世登基时，萨洛特女王前往祝贺，雨中乘马车行礼的形象深入人心，为她赢得了国际声誉。

阿基利西·波希瓦（1941～ ） 汤加著名的民主活动家和政治家，汤加首相，汤加"友谊之岛民主党"领导人，汤加人权和民主改革运动的创始人之一。波希瓦早年为教师，后进入南太平洋大学学习。20 世纪 70 年代末，开始从事汤加亲民主运动。1987 年，波希瓦进入议会，常就民主、财务透明和反腐方面的问题与王室进行斗争。1984 年至 2007 年，波希瓦多次因"批评政府"、"蔑视议会"、"煽动叛乱"等被起诉，后都被法院宣判无罪。他于 2010 年组建的"友谊之岛民主党"在 2010 年和 2014 年大选中均占有多数席位。2014 年起任汤加首相，是汤加第一个由议会选举而非国王任命产生的平民首相。2013 年，为表彰他 35 年来在汤加争取民主运动中做出的贡献，"议员行动全球联盟"授予他"年度民主卫士"，他是第一个获此殊荣的太平洋岛国人士。

第三章

政　治

　　汤加王国从 10 世纪以来就实行君主制，长期以来给外界的印象一直是稳定、自足、长治久安。19、20 世纪欧洲列强殖民扩张时期，汤加周围的国家纷纷沦为殖民地，汤加却成为唯一保持独立的主权国家。学界认为，其原因在于汤加当时强有力的君主集权制度起到了凝聚作用。在君主统治下，统一的汤加能够抵挡住外在压力，历经风雨而没有沦为殖民地，这让汤加人至今引以为豪，也正因为此，传统政治体系得到广泛认同。

　　近代汤加受到西方的诸多影响，实行了君主立宪制，进行了政治改革，设置了首相、内阁，建立了立法、司法以及选举制度，这些都给汤加政治制度融入国际社会披上现代化、法制化的外衣。然而汤加由传统集权制度走向现代民主的道路并不顺畅。近代以来，传统势力与新生民主力量的较量逐渐升级。汤加传统力量根深蒂固，势力强大，如果不对汤加的传统势力和政治情况加以了解，很难充分把握和理解汤加现行政治制度、局势以及走向。

第一节　政治体系的演变

一　传统政治体系

　　汤加的政治目前仍然在很大程度上受到王权集中制的影响，这和汤加历史上长期实行的王权制度密切相关。汤加王权制度由何而来？下文将从汤加民间传说和各方学者分析两个角度做详细阐释。

汤 加

（一）传统政治制度的由来

对于汤加的王权历史，汤加人代代相传的口述史充满神话色彩，缺乏严肃考证。对此，西方一些学者不以为然，他们经过调研推理，得到一些研究成果。因此，关于王权的由来，有两个版本，一个是口口相传的神变说，一个是经过学者们考证的异族统治说。

1. 神变说

在欧洲人 18 世纪到来之前，汤加历史的记载靠的是口口相传的口述方式，汤加的神话传说中关于最早定居者没有确切的说法，他们相信最早的汤加人出现在汤加塔布岛（汤加主岛，首都所在地），他们"长得瘦小、黝黑、由虫子变来"。汤加统治者名称为"图依汤加"①（Tu'i Tonga），据说现任君主和许多贵族都能在该王族的族谱中追溯到自己的祖先。对于王权的由来，汤加民间广为流传的是，公元 10 世纪时，阿霍埃图建立了汤加王权，传说其父亲是天神，在和汤加女子生下他后回到上界。阿霍埃图长大后去天国找到父亲，经历了许多挫折，最后他的天神父亲命他回到母亲生活的汤加，告诉他要"图依汤加"，其中"图依"在汤加语中指的是"立足某地"，因此"图依汤加"的意思是"立足在汤加这片土地上"。从此阿霍埃图成为汤加的国王，并将"图依汤加"作为国王的称号。

神话传说赋予了汤加国王图依汤加"由天而生"的神圣性，这种将王权神化的方式是许多帝王稳固自己统治的策略，例如中国古代皇帝的"天子"说、欧洲王室的"君权神授"说等。"奉天承运"的说法在人权和民主意识相当淡薄的古代具有很强的说服力和感召力，是国家统一的精神支柱之一。

---

① 图依（Tu'i）是统治者的称号，在汤加语中意思是"立足某地"，后面通常跟的是地名。顾名思义，立足某地即代表是某地的统治者。同理，汤加 15 世纪王权分化后，新设立的称号图依哈塔卡拉瓦和图依卡诺库柏鲁都是"图依"的称号加上掌管地界的名称，只是后来图依卡诺库柏鲁权势日涨，最终压过图依汤加，成为汤加的统治者，另当别论。信息来自与前汤加外交官员西塞里亚·蒙娜丽莎·拉图女士的邮件交流。

2. 异族统治说

学界多数研究者认为，汤加王权来自于异族统治。目前利用放射性碳定年法可以推测汤加群岛最晚在公元前 1140 年就有人类居住。和斐济一样，最早的居民曾经制作过形状独特、装饰精美的拉皮塔陶器。早期有关汤加社会政治关系的准确记载很少，然而有一些猜测和推断很有代表性[①]。有研究曾指出图依汤加家族最初可能是外族，入侵汤加时，把非本土的等级结构强加在汤加早期社会体系之上。这样的说法和汤加的传说也相吻合，传说中阿霍埃图是上天之子，暗示其是入侵的首领。此外，当地一些主要的习俗也显示，在图依汤加时代之前就已存在特定的社会习俗。罗伯特·威廉姆森对汤加早期的政治制度进行研究时曾提到有"汤加洛恩人"（Tangaroans）降服了当地早期的族群，赋予自己神性，同时把平民说成由土而生，于是有了汤加人神话传说中信仰的"虫变说"。从人类学角度的研究中，有很多论述证明"异族国王同化说"，这也进一步证实了汤加统治阶层来源的异族说。这样的现象在许多其他地方都存在。萨林斯在对斐济及其他波利尼西亚地区的研究中都发现了这种现象，即早期古老的王族其实并非本土氏族，而通常是异族中比较彪悍、令人生畏的首领入侵后自立为王形成的。他们逐渐同化为当地人，同化的过程表现为象征性的死亡和再生，象征着当地神灵的降生。

以上分析在很大程度上表明，汤加早期的王室图依汤加家族，本是相对强势的外族，入侵降服了当地人后，将自己神化，对当地人进行奴役和统治，在这个过程中王权逐渐形成并不断地得到加强和稳固。与此同时，王权和汤加本土神话及本土宗教产生了千丝万缕的联系。

（二）传统政治制度的发展

汤加传统政治体系建立在领主等级制和王权的结合之上，社会等级相当森严，王权高度集中。国王的最高权威虽然在历史上遭遇过种种危机，

---

① Robert W. Williamson, *The Social and Political Systems of Central Polynesia*, Anthropological Publications［1924］1967, Vol. 1, pp. 138 – 141.

然而君主制却从未被动摇，一直保留至今。

在古代汤加社会，大大小小的领主在不同层面上行使不同的权力，同时还对国王（早期称为图依汤加）效忠。历史上的图依汤加，无论在宗教还是在世俗事务中，长期都享有最高权威。时至今日，在当代汤加的政治生活中也处处可以感受到领主、王权的诸多影响。在这种王权制度下，汤加甚至还进行过一些帝国式的扩张，12世纪还曾达到过所谓"汤加帝国"的鼎盛时期。

这种中央集权的、单一的王权制度在历史上也并非一帆风顺，曾经经历了种种磨难与挑战，如国王屡遭刺杀、王位受到挑战以及王权被迫分化。图依汤加的绝对权威在持续了几个世纪后，于15世纪遭遇了重大挑战，国王权力开始分化，最终在17世纪时形成图依汤加、图依哈塔卡拉瓦、图依卡诺库柏鲁三个王朝并存的局面。无论是因为第一次将世俗权力分化出去以求减少图依汤加遭受的政治威胁，还是第二次为管教难以驯服之地增设了重要权力头衔，权力的分化在随后的17、18世纪使图依汤加的权力和地位日益削弱，相继取而代之的是图依哈塔卡拉瓦、图依卡诺库柏鲁两个家族。

权力间的不平衡在19世纪为传教士所利用，成为传教的一个重要切入点。基督教的到来敲开了汤加长期闭塞的国门，为汤加带来了现代社会的影响，也为汤加政治制度的转变埋下了必然的伏笔。19世纪初，随着欧洲传教活动的不懈推进，汤加政治发生了重大变化，一度三足鼎立的形势逐渐瓦解，图依汤加作为在权力斗争中不断被削弱的力量，最终被淘汰出局，图依卡诺库柏鲁王朝胜出，时任图依卡诺库柏鲁的陶法阿豪改信基督教，以自己的姓氏建立了图普王朝，成为图普一世，带头摈弃了本土的多神教体系，使基督教传遍了全国各个岛屿。在基督教传教士的影响下，图普一世开始着手制定法律条文，1875年颁布宪法，实行君主立宪制，建立现代政治体系。

虽然历经改朝换代，王权制度却得以保留下来，为汤加王国的统一和保持独立发挥了积极的历史作用，展示了其强大的生命力。由于拥有统一的王权，汤加能够较好地保持了自己的独立性，不像许多太平洋岛国，各个氏族的族长分而治之，在没有外族入侵时还可以各行其是，可是一旦遇到外力施压，极易被外力利用其间的矛盾从内部肢解。汤加西北方的斐济就在西方殖民者到来时出现过类似的情况。

在西方传教士所带来的西方文明和价值观的冲击下，汤加的政治制度开始发生改变，实行了形式上的议会制君主立宪制，然而这种改变在根深蒂固的传统势力面前并没有也不可能在短期内产生重大影响。汤加政治在现代民主形式下，仍然受到强大的传统势力影响。

二　现代政治体系的由来与发展

19 世纪的汤加王国经历了有史以来最为重大的变化，即由传统的君主制王国转变为现代君主立宪制国家。随着汤加国门被传教士们打开，汤加政治随即处于极其严峻的形势之下。西方强权国家相继将政治和经济势力扩大到太平洋地区，汤加危在旦夕，能否抵挡住西方殖民者的强劲攻势，这对当时刚刚统一的新生王权是个严峻考验。

一是土地问题，外来殖民者纷纷觊觎汤加的土地，如何防止国家的土地流入外人之手，不让自己国家的人民流离失所、成为二等公民，成为汤加当政者的当务之急。史载图普一世 1854 年出访悉尼时，生平第一次看到乞丐，疑惑为什么这些人不自己种植作物，当得知这些人已经失去土地后，他充分认识到了土地的重要性，并暗下决心，决不让自己的人民沦落到如此地步，要让他们拥有自己的土地，让汤加成为 "汤加人的汤加"。

二是主权受到威胁。早在 19 世纪五六十年代，法国海军极力支持天主教在汤加发展时，就曾告诫过图普一世，要当心外国入侵的危险；在 60 年代，距汤加一步之遥的斐济就处于英国的强权胁迫之下，1862 年斐济的英国领事 W. T. 普理查德（W. T. Pritchard）甚至还来到汤加首都努库阿洛法，警告图普一世不要干涉斐济事务[①]，英国最终于 1874 年吞并

---

① Noel Rutherford, "George Tupou I and Shirley Baker", from Noel Rutherford（ed.）, *Friendly Islands: A History of Tonga*, Oxford University Press, 1977, p. 158.

了斐济。德国人在汤加东北方的萨摩亚也加紧了一系列活动，对萨摩亚的兼并近在眼前。至此，汤加的左邻右舍都处于西方列强的铁蹄之下，汤加局势处于危险之中。

如何应对这些迫在眉睫的危险，澳大利亚的夏威夷政府总领事曾向到访的图普一世建议学习夏威夷模式，采用西方制度，以此得到国际社会的承认，和强权国家建立条约关系，争取权益，防止被吞并。在这点上，图普一世自然所知甚少，为了有效地用立法方式抵御外来入侵，他寻求卫理公会的支持和帮助，原因不难理解：一方面图普一世本人早在统一国家前就已经是虔诚的基督徒，曾于1831年8月7日受洗；另一方面，当时的卫理公会和国王刚刚共历患难，统一了汤加并促成了基督教全面传播，国王和教会正处在蜜月期。因此，在教会尤其是卫理公会的谢利·贝克牧师（后来曾任汤加首相）帮助下，图普一世实行西化的改革政策，进行了汤加历史上最重大的政治改革：一方面，模仿西方的政治制度，建立中央政府，成立议会"法卡塔哈"（fakataha），建立君主立宪制，给国王修建王宫，订制王冠，并设计了国旗、国玺，增设了国歌；另一方面，制定了一系列法律法规，包括限制地方权力，加强中央集权，进行土地改革，并经过多次修改，最终制定了宪法，于1875年11月4日颁布实施。图普一世当时对此寄予厚望，曾在颁布宪法当日发表演说："感谢上帝让我看到了这一天。……我把大家召集而来是为了设立宪法……我以及我的继任者们会根据宪法治理国家。宪法会永远保护汤加。"①

宪法第一部分为"权利宣言"，其中大多参考自夏威夷宪法。第二部分规定汤加实行君主立宪制，王位由长子继承，国王不仅可以任命领主、法官和大臣，还可以任命首相。法官的权力受制于独立立法机构，立法会由二十名领主和二十名平民代表组成。第三部分涉及土地问题，第一条即严禁土地买卖，规定汤加土地为国王和众领主所有，将土地租赁给平民的

---

① Noel Rutherford, "George Tupou I and Shirley Baker", from Noel Rutherford (ed.), *Friendly Islands: A History of Tonga*, Oxford University Press, 1977, p. 162.

租息由立法会制定。同时规定，经内阁同意后，可以将土地租赁给外国人。

从 1839 年的《瓦瓦乌法典》到 1862 年的《瓦瓦乌法典 II》，再到宪法，这些法律法规一方面保护了汤加国土的完整性，另一方面以立法的方式结束了汤加几百年来带有奴隶和封建社会性质的奴役制和分封制，将大量下层人从无偿劳役中解放出来。其中的《瓦瓦乌法典 II》重在对地方领主权力进行限制，制定了相应的税收和土地改革举措，使得各领主的独立权威被打破，成为国王的付薪下属，因此该法典还被称为《解放法令》，甚至有传教士将其称作"汤加大宪章"。这些法规极大地激发了广大人民劳动的主动性和积极性，刺激了汤加经济尤其是农业发展，给汤加的社会、经济和政治发展带来了巨大的变化，同时在汤加现代化进程中，保证了汤加国民没有成为自己土地上的"二等公民"。①

除了保护土地所有权、改革国内旧有的土地制度之外，图普一世颁布宪法的另一个主要目的是通过立法，保护自己的国家不受外国统治和殖民，维护国家的独立。通过采用国际通行的宪法体制，汤加期待得到国际社会特别是西方列强的认可，以拥有独立主权的国家姿态和其他国家缔结条约。事后证明，这个举措行之有效。1876 年德国与汤加签署《汤德友好条约》，承认汤加王国的独立主权。作为交换，德国人可以在瓦瓦乌群岛建立供给海军的装煤港口。英国人得知这一消息后，不甘落后，随即指派当时英国驻斐济总督阿瑟·高登赴汤加商讨订立条约事宜，以确保英国在汤加获得与德国同样的优惠条件。至此，汤加通过签订条约的形式让西方当时的两个强国都对汤加主权予以承认，并且都向汤加保证维持对汤加的"永久和平与友谊"。许多研究者对 1875 年宪法在保护汤加国家主权方面的有效性都予以肯定。如盖利（Gailey）提到，汤加在 19 世纪后半叶的发展和成功与"摆脱英国兼并"不无关系。拉图科夫（Latukefu）将 1875 年宪法描绘为图普一世开创现代化进程的顶峰，认为由此图普一世

---

① 以上内容参见 Noel Rutherford, "George Tupou I and Shirley Baker", from Noel Rutherford (ed.), *Friendly Islands: A History of Tonga*, Oxford University Press, 1977, pp. 157 – 160。

可以带给汤加"一种法律和宪法机制,使得汤加得到文明国家的承认,进而维护汤加的独立和稳定"。①就图普一世本人来说,虽然他在统一汤加初期为了打败敌对的领主曾经想要寻求英国的保护,然而并不表明其乐意受制于别国,这可以从他坚决反对将土地出售给外国人得到证明。他曾经说过:"我特别期望成为英国的朋友;皆为友谊联盟……但是我绝不想,我的人民也绝不想,屈从于世界上的任何人或国家。"② 毫无疑问,在整个太平洋都处于被殖民的大环境下,图普一世将国内所有岛屿纳入中央统治并制定国家宪法的举措,对于维护汤加的独立地位有着举足轻重的意义。只是这种宪法的保护也并非万能,在后来国内国外环境的双重压力下,英国在1900年将汤加变为其保护国,一方面源于汤加国内在图普一世过世、图普二世继位时的复杂局势,另一方面源于英国想要确保自己在太平洋的利益不受干扰。在这期间虽然汤加没有被兼并,然而其外交和国内财政都在英国的掌控之下。直到1970年,汤加恢复独立地位,才收回完整的国防和外交权。但汤加保留了和英国的友好关系,至今仍是英联邦成员国。

由此看来,汤加实行君主立宪制是在19世纪西方文明的强势影响下,传统的君主体制向西方主导的国际社会妥协和迎合的产物。一方面,弱势文明遭遇强势文明时容易受其干预,这已是反复验证过的事实。另一方面,汤加当时面临西方殖民大国的威胁,土地和主权都受人觊觎,因此急于找到脱离险境的方略,采用西方社会认可的政治体制有利于从制度和法律层面争取自己的国际地位,得到西方强国的国际认可。在这样的历史背景下,当时的国王图普一世在西方传教士的帮助下,订立了一系列法律法规,迫于当时的危险局势,看似积极采用了西方君主立宪制,力争保住了

---

① Sione Latukefu, *Church and State in Tonga*. Canberra: Australian National University Press, 1974, p. 209. From Stephanie Lawson, *Tradition Versus Democracy in the South Pacific: Fiji, Tonga, and Western Samoa*, Cambridge University Press, 1996, p. 94.

② W. P. Morrell, *Britain in the Pacific Islands*, Oxford: Clarendon Press, 1960, p. 312. From Stephanie Lawson, *Tradition Versus Democracy in the South Pacific: Fiji, Tonga, and Western Samoa*, Cambridge University Press, 1996, p. 95.

"汤加人的汤加"，使汤加没有像周边国家一样迅速沦为西方国家的殖民地，实则也是不得已而为之。尤其是 20 世纪末以来，随着汤加和国际社会的交流日益增多，国内民族觉醒意识日强，人们对于这种制度是否适合汤加，如何适合汤加，开始了思考和行动。

近些年来，汤加国内的民主运动此起彼伏。一方面，民主派对国内的民主环境并不满意，开展各种民主运动，争取真正的民主自由。另一方面，也有人质疑现代民主制度。他们认为民主制度是西方社会中由封建制到共和制的政治进步，然而这种模式并不一定适合岛国社会。他们认为岛国面积狭小，有着完全不同的传统文化，因此似乎更适宜用传统的领主制来统治国家，才能够更好地维护国家稳定和民族团结。①

第二节　现代政治体系的构成

现代汤加是太平洋岛国地区唯一的君主制国家。社会分王族、贵族和平民三个阶层。汤加实行君主立宪制，借用了英国的法律机制，实行行政、立法、司法三权分立的法律制度，采取议会制。

从 20 世纪 80 年代起，汤加民主运动逐渐兴起，民主活动日益频繁，对汤加政治产生了不小的影响。汤加在 2010 年实行了立法改革，立法制度有部分调整。

一　宪法

19 世纪，随着基督教在汤加传教成功和汤加王国统一，汤加政治发生了巨大变化，国王乔治·图普一世于 1875 年颁布了宪法，进行了由传统君主制到君主立宪制的政治体系改革。除了在 2010 年对选举方式进行过部分修订，1875 年宪法自颁布以来一直是汤加政治生活中不可或缺的重要组成部分。

---

① 来自前汤加外交官员西塞里亚·蒙娜丽莎·拉图女士 2014 年 10 月在聊城大学开设的"太平洋岛国概览"及"汤加王国历史"的专题讲座。

1875 年宪法规定，政府由内阁、立法会、司法机构三部分组成。宪法主要包括以下三个方面①。

第一部分为"权利宣言"，规定了国王以及政府行事的总体原则。最早的宣言规定奴隶制、私刑（punishment without trial）、没有搜捕令就进行搜查、双重审理、充公财产等为非法，保护公民的信仰、言论以及出版自由，制定陪审团审判规则，保证纳税人的投票权。

第二部分关于"政府形式"，规定了枢密院、内阁以及立法会的构成和各自任务。枢密院由国王主持，是最高执法机构，拥有有限的立法权力；内阁成员包括所有大臣以及哈派群岛和瓦瓦乌群岛的总督，由首相主持；立法会的成员包括所有大臣以及贵族和平民代表。该部分还规定了如何任命大臣，规定了司法构成及其作用，以及王位继承的规则（时至如今仍严格执行长子继承制）。

第三部分专门涉及"土地"问题，规定了不动产的继承原则，制定了财产继承的总体法规，此外还规定永远禁止将土地出售给外国人。

作为现代政治的产物，汤加宪法包含了民主与自由的思想，尤其是第一部分的"权利宣言"，强调了言论自由，为日后汤加"亲民主运动"的发展提供了宪法保障。宪法试图保障法律面前人人平等："汤加只有一个法律，无论领主还是平民，无论欧洲人还是汤加人，都适用该法。任何阶层不得损害其他阶层的利益。该法律适用于居住在此地的所有人民。"然而问题是，没有相应条款进一步保障这些"自由和权利"。因此，该部分宪法在汤加现实生活中，并没有得到贯彻实施。汤加的社会传统根深蒂固，虽然本身有违宪的成分，却能够和宪法保护下的民主元素相抗衡，甚至胜过一筹。

值得注意的是，1875 年宪法相当一部分内容试图维护国王和少数贵族等特权阶层的地位和权力，这本质上是在沿袭阶层分明的"不平等"传统，这和前文提到宪法中的民主因素是自相矛盾的。

---

① 参考自 Stephanie Lawson，*Tradition versus Democracy in the South Pacific：Fiji，Tonga and Western Samoa*，Cambridge University Press，1996，p. 93。

保留国王的权力、维护其至高权威，是宪法的显著特点。比如宪法规定首相和大臣都由国王在不必咨询别人的情况下直接任命，这意味着他们不必对议会负责，也就间接意指不必对议会背后的人民负责。因此，宪法其实在很大程度上加强了国王的地位和权力。波尔斯（Powles）总结如下。

（1）1875年宪法是由时任国王颁布给汤加人民的。

（2）在宪法中，国王的权力被定义为至高无上的绝对权威（汤加语为"Pule"），用来管理汤加及其人民（第17、31和41条）。

（3）国王权力的重要体现是国王的权力高于首相和诸大臣，首相和大臣在管理政府时要对国王负责，国王则可以在任何时候委任、罢免首相和大臣（第51条）。

（4）所有的土地都归国王所有（第44和104条）；在没有继承人的情况下，这些土地都将重归国王所有（第112条）。

（5）宪法保障国王王位长盛不衰（第32条）。

（6）任何人不得弹劾时任国王（第41条）。

（7）宪法保护国王的地位，没有国王首肯，任何人不得改变宪法（第67和69条）。

因此，汤加1875年宪法虽然借鉴了威斯敏斯特体系，然而也只是表面形式上的借鉴，汤加国王依然享有很大的权力。在这样的情形下，政府显然不会是民主制的政府，之后的汤加政府在民主运动时期经常被指责缺乏公信力也就不足为奇。

除了国王，一些新生的封地贵族也享有宪法的保护。宪法一方面极大地削弱了地方领主制，极力建立平等的社会结构，另一方面却促成了新贵阶层的产生，其结果是汤加的社会阶层出现了重组。

宪法颁布之前的若干法典，如1838年的《瓦瓦乌法典》、1850年的《瓦瓦乌法典Ⅱ》，以及1862年的《解放法令》，都致力于提高平民的地位，削弱地方领主的权力。许多地方领主虽然仍然保有称号，然而在新的法律框架下，地位大不如从前，如马卡斯（Marcus）所说，在卡瓦酒宴上他们仍然可以坐在主座，只是地位已经不比周围的平民高出多少。

然而，颁布宪法的图普一世一方面致力于提高平民的地位，削弱大量地方领主的权力，另一方面却建立了新贵阶层。他先后指定了三十名领主为世袭享有封地的贵族，任命了六名礼仪官（ceremonial attendants），他们享有汤加传统的封号"马塔普勒"（汤加语为"matāpule"，指领主侍从和代言人），同样也享有世袭土地。这实际上"在新社会划出一部分传统特权阶层，他们不仅世代世袭，而且受宪法保护"①。这些新贵阶层是上层社会权力重构的产物，他们中不包含任何原来的领主。册封新贵族既打击了旧领主阶层的反对力量，又帮助国王得到新贵族的忠诚拥护和支持，这无疑是图普一世上台后实现政治统一和稳定的有力手腕。

新贵阶层和传统领主阶层最大的不同是，他们实行英国贵族的男爵制，同时受到宪法保护。像英国男爵一样，汤加新贵实行世袭制，并永远享有封地，除非有叛国行为，否则任何人不得剥夺其封号。

汤加宪法对权力阶层进行了重新划分，然而值得注意的是，宪法并没有确保权力和义务的平衡。比如宪法明确了高级领主的权力并使其权力便于施行，然而宪法却没有任何条款提到他们应尽的义务，更不用说监督义务履行的条款了，如此一来，王室和贵族也就无须得到人民的认可和支持，他们已经受到舶来的宪法制度的保护，其地位神圣不可侵犯。

二　立法机构

汤加议会实行一院制，拥有立法权。在2010年改革之前，汤加议会

---

① George E. Marcus, "Contemporary Tonga: The Background of Social and Cultural Change" in Noel Rutherford (ed.), *Friendly Islands: A History of Tonga*, Oxford University Press, 1977, p. 215. 转引自 Stephanie Lawson, *Tradition versus Democracy in the South Pacific: Fiji, Tonga and Western Samoa*, Cambridge University Press, 1996, p. 92。1875年宪法颁布初期指任了20名贵族，图普一世于1880年追加了10人，图普二世增加了2人，萨洛特女王增加了1人，目前汤加国内贵族人数为33人。

由全体内阁成员、9 名贵族议员和 9 名平民议员组成，虽然平民议席与贵族议席数量相等，然而由于早期内阁成员多是贵族，所以平民议员在议会中屡受排挤。议会每 3 年选举一次，其中，贵族议员由所在选区贵族选举产生，平民议员由其所在选区普选产生，议长则由国王在贵族议员中直接任命。议会每年 5 ~ 11 月举行会议。国王有权召开或解散议会，议会通过的法案需经国王批准方能生效。

近代以来，在汤加政治进步人士的不断推动之下，汤加最终于 2010 年进行了政治改革。国王表示要还政于民，让渡了国家行政管理大权和部分人事权，保留武装部队统帅、解散议会、否决议会提案等权力。国王仍然有权召开或解散议会，议会通过的法案需经国王批准方能生效。不同的是，议会中平民议员的比例明显加大，贵族议员维持 9 人不变，平民议员则由原来的 9 人增至 17 人。议会每 4 年选举一次。贵族议员由其所在选区贵族选举产生，平民议员由其所在选区普选产生。此外，国王不再直接指定议长，而是由议员推选后再由国王任命。

改革后的第一届议会于 2010 年 11 月选举产生，议长为法卡法努阿（Lord Fakafanua）。在 17 个平民议席中，"友谊之岛民主党"占 12 席，独立平民议员占 5 席。

2014 年 11 月 27 日，汤加举行了全国范围内历史上的第二次大选。与四年前的第一届相同，贵族议员在议会中占 9 个席位（由 33 个贵族内部选举产生，本次实际参加投票的有 24 名贵族和 5 名终身贵族）；平民议员占 17 个席位，分为 17 个选区，汤加塔布群岛 10 个选区、瓦瓦乌群岛 3 个选区、哈派群岛 2 个选区、埃瓦岛 1 个选区、纽阿斯群岛 1 个选区。全国设 169 个选举站点，平民候选人 107 人，注册选民 51047 人，实际投票人数为 40727 人。根据汤加选举委员会公布的选举结果，上届选出的 9 名贵族议员中 7 名连任，纽阿斯群岛贵族议员去世，2014 年 8 月进行了补选，议长法卡法努阿因继续学业而退出此次选举，新选 1 名贵族议员进入议会，其中汤加塔布群岛贵族议员 3 名，哈派群岛 2 名，瓦瓦乌群岛 2 名，埃瓦岛 1 名，纽阿斯群岛 1 名。本届 17 名平民议员中，10 名为友谊之岛民主党成员，7 名为独立候选人，其中汤加塔布群岛 10 名，埃瓦岛 1 名，哈派群岛 2 名，瓦瓦乌群岛 3 名，纽阿斯群岛 1 名。①

三　政府

在 2010 年立法改革之前，国王为国家元首，长期独揽大权，其权力远远大于欧洲的立宪君主，首相由国王任命。汤加王国分为三个行政区域，分别对应三大群岛，由南向北依次为汤加塔布群岛、哈派群岛和瓦瓦乌群岛。议长、内阁大臣和这三个群岛的行政长官等高级官员均由国王任命，且都是枢密院成员，枢密院是国家最高行政决策机构。全国有 33 名世袭贵族。

2010 年立法改革之后，枢密院不再是最高行政决策部门，改为国王个人的咨询机构。宪法规定政府由立法会、内阁、司法机构三部分组成。首相从 26 名议员中选举产生，不再由国王直接任命；内阁大臣由首相提名后提请国王批准，最终由国王任命，其中四名内阁大臣可以由国王独立指定。内阁成员一般由包括首相、副首相在内的内阁大臣以及瓦瓦乌群岛、哈派群岛的行政长官组成。

2010 年 11 月，汤加根据新的选举制度举行了大选，产生了新的内阁，成员如下：首相兼外交、国防、信息和通信、基础设施大臣图依瓦卡诺（Lord Tu'ivakano），副首相兼环境、气候变化和自然资源大臣瓦伊普卢（Hon. Vaipulu），土地大臣马阿富（Lord Ma'afu），内政大臣瓦埃亚（Lord Vaea），公共企业大臣索塞福·费奥莫亚塔·瓦卡塔（Hon. Sosefo Fe'aomoeata Vakata），商业、旅游和劳工大臣维利亚米·乌阿西克·拉图（Hon. Viliami Uasike Latu），财政、国家计划大臣艾萨克·埃凯（Dr. Aisake Valu Eke），司法和公共企业大臣威廉·克莱夫·爱德华兹（Hon. William Clive Edwards），教育和培训大臣安娜·玛乌伊·塔乌费隆加基（Hon. 'Ana Maui Taufe'ulungaki），卫生大臣图依阿费图（Lord

---

① 中华人民共和国驻汤加王国大使馆经济商务参赞处：《汤加 2014 年大选结果》，http：//to. mofcom. gov. cn/article/jmxw/201411/20141100813788. shtml。

Tui'afitu)，农业、食品、林业和渔业大臣西奥内·桑斯特·萨乌拉拉（Hon. Sione Sangster Saulala），警察、监狱和消防大臣西奥西法·图依图普·图乌塔法伊瓦（Siosifa Tu'itupu Tu'utafaiva）。瓦瓦乌群岛行政长官弗利瓦伊（Lord Fulivai），哈派群岛行政长官图依哈安加纳（Lord Tu'iha'angana）。

2014年12月大选产生新的内阁，主要成员包括：新任首相阿基利西·波希瓦，新任议长图依瓦卡诺（前首相、贵族），副议长图依阿费图（前卫生大臣、贵族）。新内阁成员于2014年12月31日由首相波希瓦提名，图普六世国王任命，最终确定12名成员如下①：首相兼外交、贸易、教育大臣波希瓦，副首相兼环境、能源、信息和通信大臣肖西·索瓦莱尼（Siosi Sovaleni），土地大臣兼国防大臣马阿富，卫生大臣萨亚·皮乌卡拉（Saia Piukala），财政和国家计划大臣艾萨克·埃凯，警察、旅游、劳动、商业大臣波希瓦·图依奥内托阿（Pohiva Tuionetoa），农业、食品、林业和渔业大臣塞米西·法卡豪（Semisi Fakahau），司法大臣塞奥内·武纳（Sione Vuna），基础设施大臣埃图阿特·拉武拉武（Etuate Lavulavu），内政大臣索塞福·瓦卡塔，公共企业大臣波阿西·特伊（Poasi Tei），税收和海关大臣特维塔·拉维马奥（Tevita Lavemaau）。② 新内阁于2015年1月开始执政。

汤加政府重要人物介绍如下。

图普六世（King Tupou Ⅵ）：汤加现任国王。全名为阿霍埃图·吴努阿吉奥汤加·图库阿豪·图普（'Aho'eitu 'Unuaki'otonga Tuku'aho Tupou），在继位前被称为乌卢卡拉拉王子，是陶法阿豪·图普四世的最小的儿子，图普五世国王的胞弟。1959年7月12日生于努库阿洛法。1988年毕业于美国海军学院，并分别于1997年和1999年获得了澳大利亚新南威尔士大学国防研究硕士学位和澳大利亚邦德大学国际关系硕士

---

① 中华人民共和国驻汤加王国大使馆经济商务参赞处，http://to. mofcom. gov. cn/article/jmxw/201412/20141200850053. shtml。

② 中华人民共和国驻汤加王国大使馆经济商务参赞处：《汤加新内阁名单》，http://to. mofcom. gov. cn/article/jmxw/201412/20141200853089. shtml。

学位。1998 年 10 月任外交、国防大臣。2000 年 1 月任首相兼外交、国防、农林、渔业、海事和港务大臣。2006 年 2 月辞去首相职务。2006 年 9 月被敕封为王储。随后任汤加驻澳大利亚高级专员。2012 年 3 月 18 日图普五世病逝后继承王位，称图普六世，2015 年 7 月 4 日举行了加冕典礼。已婚，有二子一女。对华重要接触有 1998 年 11 月访华并签署中汤建交公报。1999 年 8 月以国防大臣身份访华。2002 年 4 月赴华出席汤加驻北京名誉领事馆开馆仪式。2008 年 8 月以王储身份来华出席北京奥运会开幕式。

萨洛特·皮洛莱乌·图依塔（Salote Pilolevu Tuita）：公主，图普五世国王的胞妹、图普六世国王的胞姐。1951 年 11 月 14 日生于努库阿洛法，曾在新西兰学习。现经商，任汤加卫星公司（Tongasat）董事长、汤加莱奥拉（Leiola）免税店有限公司董事、汤中友好协会主席、太平洋和东南亚妇女协会执委，汤加妇女商业协会、业余体协、红十字会、汤加音协主席，汤加国家储备银行董事。已婚，有 5 个子女。曾多次访华。2010 年 8 月来华出席上海世博会汤加国家馆日活动，2012 年 9 月赴华出席友好论坛、2014 年 9 月来华出席全国友好协会成立六十周年庆祝活动等。

阿基利西·波希瓦：汤加首相，1941 年 4 月 7 日出生。曾在汤教育部工作多年。1987 年首次当选平民议员并连任至今，是汤任职时间最长的平民议员，也是汤加为数不多的资深政治家之一。波希瓦是汤加人权和民主改革运动的创始人之一。2010 年创立友谊之岛民主党。2011 年 1 月曾被短暂任命为卫生大臣，后主动辞职。在 2014 年 11 月大选中带领友谊之岛民主党赢得 10 个议席，联合部分独立平民议员组阁并出任首相。已婚，有 3 子 1 女。2012 年 10 月曾随汤议会代表团访华。

图依瓦卡诺：现任议长，前任首相。1952 年 1 月 15 日生，1986 年 1 月继承其父的贵族头衔。曾在新西兰、澳大利亚等国留学，获新西兰阿德莫师范学院教师资格证书和澳大利亚弗林德斯大学政治学专业荣誉文学学士学位。回国后任教于汤加中学并任职于教育部。1996 年起担任贵族议员，2001～2004 年担任议长，之后曾任工程大臣，2006 年至 2010 年 12 月任就业、培训、青年和体育大臣。2010 年 12 月当选首相，兼任外交、国防、信息和通信等大臣。2014 年 12 月当选议长。已婚，有 3 子 2 女。多次访华。2003 年率议会代表团访华，2005 年赴华参加亚洲减灾大会，2008 年赴北京出席奥运会开幕式，2013 年 7 月来华出席生态文明贵阳国际论坛，12 月来华出席第二届中国－太平洋岛国经济发展合作论坛。

四 司法机构

汤加司法机构包括上诉法院、最高法院、土地法院和地方法院。司法权完全独立于国王和行政机构，不过最高法院法官由国王任命，国王可以为死刑犯减刑。宪法明确保护司法机构和法庭程序的独立性。最高法院在必要情况下有权审查内阁、大臣或者官员的行为，以及在适当情况下解释法律，以确保与作为"最高法律"的宪法相一致。若有人对于所有以上情况有异议，可以在上诉法院进行上诉。

最高法院对重要民事和刑事案件行使司法权。其他案件首先由地方法院或土地法院受理，如果上诉，可以先后由最高法院和上诉法院受理，上诉法院为终级法庭。如果案件有关贵族头衔和地产边界问题，枢密院拥有司法权，有权受理在土地法院审判后上诉的案件。1968 年，汤加和英国签订友谊条约后，英国域外司法权失效，英国人和其他外国人一起均要完全接受汤加法庭的司法审判。刑事被告有权拥有辩护人，公开审判受法律保护并备受公众尊重。法院系统还包括针对汤加军队的军事法庭，针对警察的特别法庭以及针对国税局的复议法庭。

最高法院现任大法官是英国人迈克尔·狄辛顿·斯考特（Michael Dishington Scott），2010 年就职。总检察长是尼尔·阿德塞特（Neil Adsett）。

五 主要政党与重要社团组织

汤加国内日渐民主的社会环境为政党的产生创造了条件，政党和组织逐渐增多，尤其是在 2005 年之后，各个政党争相建立。政党中成立最早的是"汤加人权和民主运动"组织，发端于 20 世纪 70 年代末的"汤加亲民主运动"，1992 年成立为政党（2010 年该党部分党员另组"友谊之岛民主党"），1998 年改为现名。前任首相费乐提·塞维勒为该党支持者，在 2008 年的选举中该党获得了 4 个席位。现任领导人为乌利蒂·乌阿塔（Uliti Uata）。

"人民民主党"于 2005 年 4 月建立，是从"汤加人权和民主运动"组织中分离出来的政党，在 2010 年的选举中没有获得席位，现任领导人为特伊西纳·福科（Teisina Fuko）。

"可持续的国家—建设党"于 2007 年 8 月 4 日在新西兰奥克兰成立，在 2010 年的选举中没有获得席位，领导人为西奥内·福努阿（Sione Fonua）。

汤加民主工党 2010 年 6 月 8 日成立，在议会选举中还没有获得席位。

"友谊之岛民主党"2010 年 9 月成立，虽然该政党成立最晚，却是目前在汤加国内影响力最大的政党。在同年 11 月的大选中大获全胜，在 17 个平民议席中获得了 12 个席位；在 2014 年 11 月的大选中获得了 10 个席位，12 月与独立平民议员联合组建新内阁。领袖为现任首相波希瓦。

六 现代政治体系的特点

汤加现代政治体系的形式和内容并不统一，表面上建立了现代民主政治的形式，然而本质上仍然是为传统王权等级政治服务，民主的政治形式和传统的政治内容势必为汤加社会的动荡埋下伏笔。

汤加 19 世纪的现代政治制度改革，是当时汤加新生王权适应国内国际环境和外界形势博弈的需要，形式上效仿了西方尤其是英国威斯敏斯特模式的君主立宪制。在西方意识形态的强势影响下，汤加建立了现代政治制度的形式，这有利于汤加融入国际社会、争取发言权、得到国际律法的保护，有利于汤加争取独立自主。因此，实行君主立宪制是汤加新生政权为了保持国家独立自主，迫于当时形势所进行的现代政治制度改革。

　　汤加 19 世纪现代政治制度改革的重要作用和目的，还包括为新生王权重新划分势力、稳固统治创造条件。君主立宪的一系列律法在废除奴隶制、铲除旧有领主势力上确实起到了积极的作用，然而宪法中还明文规定要保护王权和新生贵族的利益，这揭示了宪法制定的真实目的。之所以如此，是因为改革的主要推动者是刚刚统一汤加、登上王位的图普一世，他需要借助改革来为新生王权清除传统敌对势力、巩固政权。这也就决定了这场改革的目的与西方诸多国家立宪的目的迥然不同，其目的不是建立民主制度，而是为王权统治服务，这是最终造成汤加政治形式和内容不统一的根本原因。

　　由此看来，汤加在 19 世纪末实行的君主立宪制是典型的二元君主制，君主权力大于议会，有权委任首相和贵族议员。汤加的君主立宪制缺乏真正的三权分立制衡，是封建制向现代民主和法制社会的妥协。汤加直到如今还是以农业产业为主，封建文化氛围浓厚，国内少有工业，没有独立的资产阶级政治力量。即便有相对而言的资产者，也是来自于封建主背景浓厚的贵族或王室。而典型的君主立宪制发源于英国，亦称"有限君主权"，是资本主义国家君主权力受宪法限制的君主制，是资产阶级同封建势力妥协的产物，立宪改革大都由新兴资产阶级推动，其目的是限制君王权力，这和汤加采取君主立宪制时的推动力迥然相异。

　　现代汤加的政治形势仍在变化之中，传统力量和民主力量正在较量，汤加正在寻求适合自己的政治道路。从图普一世 1875 年颁布宪法，实行君主立宪制开始，汤加逐渐建立现代政治制度。在当时，1875 年宪法确立的形式民主远比汤加传统的封建等级制先进。然而如上所述，19 世纪末汤加的政治形态变化大多流于形式，国内统治仍然在很大程度上由传统封建主势力主导，远远称不上现代和民主，在很大程度上与国际原则不符。早在二战结束时，联合国托管理事会和去殖民化委员会（Trusteeship Council and Decolonization Committee of the United Nations）就曾经惋惜，"如果汤加是一个在联合国监管下寻求独立的殖民地国家，我们这个世界组织是不会允许汤加在不具备充分民主的选举制度下就独立的"。①

需要明确的是，尽管不能说汤加因为有了宪法而"现代"，但也不能说汤加的宪法不起任何作用、汤加仍然处于"传统"社会。波尔斯（Powles）指出当前汤加法律很少有完全来自传统规范和习俗的，其中的法律条文多由传统和外来思想结合而生。马库斯（Marcus）也指出，汤加传统在今日面临巨大挑战，逐渐成为汤加早期本土文化和外来文化的混合物，可以说是"妥协文化"（compromise culture），汤加正在探寻自己的方式，即"汤加方式"（汤加语为 anga faka Tonga，英语为 the Tongan way）。而传统面临的最大挑战就是民主力量，随着汤加的国门在图普四世时期逐渐打开，国际社会的民主思潮传入汤加，日益兴起的"汤加亲民主运动"让汤加看到了现代民主的曙光，然而也使汤加社会在 21 世纪初一度陷入混乱。

第三节　当代政治改革

汤加是太平洋地区仅存的君主制国家，国王不仅当政而且有实际统治权，1875 年宪法颁布后建立了君主立宪制，设立了枢密院，国王既是国家首脑也是政府首脑，直接任命首相以及内阁成员，国王和所有内阁成员构成枢密院。汤加议会实行一院制，包括全体内阁成员、9 名贵族议员（从贵族中选举产生）和 9 名平民代表（由普选产生），没有政党之分。由此可见，除了平民议员之外，议会的大部分成员不是经过民主选举产生的，这和带有现代民主色彩的议会制不相吻合，因此，出现矛盾和变革是意料之中的事情。

20 世纪 70 年代后期，一个自称"汤加亲民主运动"的组织悄然兴

---

① Guy Powles，"The Tongan Constitution：Some Realities"，paper prepared for the Convention on the Tongan Constitution and Democracy，Nuku'alofa，November 1992：3. 转引自 Stephanie Lawson，*Tradition versus Democracy in the South Pacific*：*Fiji*，*Tonga and Western Samoa*，Cambridge University Press，1996，p. 96。

起，成员主要包括南太平洋大学的毕业生和一些公务员，关注的问题包括公务员薪金、选举办法、平民议员的席位以及土地分配制度等。1987 年议会的平民议员选举中，该组织势头强劲，不少成员得到多数票，致力于循序渐进的政治改革。1990 年大选时，该组织势力得到进一步增强，开始关注政府大臣失责以及出售护照等问题，引起国内广泛关注。在随后的选举中，该组织发展势头良好，1998 年更名为"汤加人权和民主运动"，呼吁大臣加强责任心、建议内阁大臣从议会代表中选举产生，而不是由国王任命。

一　1987 年选举前后——改革萌芽阶段

从 20 世纪 70 年代起，最活跃的人物是阿基利西·波希瓦。波希瓦原来在哈派群岛是一名教师，曾在南太平洋大学学习。回到汤加后，波希瓦在阿特尼西学院（Atenisi Institute）参加会议和研讨，热心政治议题，经常参加媒体活动，对官员执政行为进行评论，成为知名人物。波希瓦参加了当地一家颇有争议的电台的节目，揭露和批评政府官员的不端行为。1982 年该电台节目因其对政府活动的争议性评价遭到内阁禁播，波希瓦作为一名激进活动分子和政府的批评者在当时已经小有名气，1985 年被解除公职，但是后来他以"非法解雇和干涉言论自由"为名将政府告上法庭并胜诉，成功地获得了损害赔偿金和诉讼费赔偿。随后波希瓦和其他一些志同道合之人创办了报纸《螺号报》（Kele'a），主要关注公众感兴趣的政治问题，1986 年《螺号报》有一整期报纸曝光了议员的加班费问题，最终法院对立法会的几乎所有成员进行了法律制裁，引起了汤加各岛的震惊，这一事件对一年以后的大选影响很大。在 1987 年的大选中，参加竞选议员的候选人数量显著增加，多数平民议员被换掉，原来的议员中只有三人连任，新增的议员中就有波希瓦，这是波希瓦首次当选为汤加立法会的平民议员。

1987 年选举开始了汤加议会的第一次转变，由于许多真正关心民生的议员当选，议会开始重点关注在销售税、议员薪资、汤加护照出售等社会问题上政府如何维护正义、建立诚信。在这个过程中，波希瓦指出，日益突出的问题是传统的社会政治结构和对新时代政府的要求之间出现落差。在传统制度下，根本不存在政府责任问题，汤加平民向领主呈上贡品，从不过问贡品去向，更不要求有任何回报，在那样的社会环境中，平民无偿付出、俯首听命已成为日常生活的一部分，没有人觉出任何不妥。1875 年宪法赋予了人们权利和自由，人们开始渴望平等，期待看到法律得到实施，然而得到的却是"文化和传统强加于人的对习俗的顺从和屈服"①。这种传统与现代的矛盾在议会会议中尤其凸显，平民议员在议会发言中，只要涉及贵族议员或当时还全部是国王指任的政府大臣时，总会被指责为大逆不道、有违汤加传统等，因为这些传统权贵阶层习惯了一直以来享有的精神特权，很难接受政治领域内合法的批评和质疑。除了在论辩过程中平民议员受到压制之外，论辩结果的达成也难说公正。当时的立法会包括全体内阁成员、9 名贵族议员和 9 名平民议员，立法会实际由国王任命的内阁大臣和 9 名贵族议员操纵，平民议员的议案很少获得通过。比如在 1989 年底的一次议会上，哈派群岛的首席议员特斯诺·富库（Teisino Fuko）提议建立常务委员会辅佐枢密院的财政事宜，遭到议会否决。随后全体平民议员自行组织离开会场进行商议，回来后提出两项议案：一是减少贵族议员的人数，二是增加平民议员席位。然而不出所料，两项议案在当时均遭否决。

由议会和国王操纵的政府一意孤行，不听取平民议员的不同意见，结果民心渐失。最有代表性的例子当属出售汤加护照一事。有一段时间，汤加政府将大量护照卖给中国香港商人、中国大陆居民，还有部分卖给南非人、利比亚人、泰国人、菲律宾人等，目的是赚取外汇。波希瓦等人对此行为提出质疑，他们没有就出售汤加国籍的原则性问题进行质询，而是质疑出售护照所得的资金流向。由于在议会中的质询没有结果，1989 年波希瓦将政府告上法庭，引发近两千人上街游行示威，支持

---

① Pesi Fonua, "The Bishop of Tonga, Patelisio Finau", *Pacific Islands Monthly*, April 1991: 54. 转引自 Stephanie Lawson, *Tradition versus Democracy in the South Pacific*: *Fiji*, *Tonga and Western Samoa*, Cambridge University Press, 1996, p. 103。

波希瓦抗议政府的举动。政府后来召集紧急会议，通过追溯立法的方式，合法化了 426 个护照的出售。政府虽然受到了司法审判的牵制，然而仍然利用手中的立法权力为自己制造特权。政府出售护照的行为引起了许多平民的不满，尤其是长期以来捍卫汤加传统和道德习俗的女性对此颇有微词。

民间对"护照丑闻"的反应能够较深入地反映汤加传统的是非观念。虽然平民们习惯了上层享有各种特权，对其俯首听命，然而在社会关系中，如果出现了不公平的现象，平民自然会迁怒于政策制定者。

二　改革前期的酝酿与各方力量的较量

1987 年大选到 1990 年大选之间，议会中对于政府责任的讨论日益增多，引起了传统政治力量的注意。一方面他们试图争取教会的支持，建立"教会与国家"平台；另一方面，国王发表公开讲话指出要严防局势失控和发生政变，并视波希瓦为最大的威胁。但是现实并不如国王所愿。民众对以波希瓦为代表的民主改革人士支持度日升，教会也没有站在国王一方，而是对民主活动大加支持。

波希瓦在 1990 年大选中当选汤加塔布岛的首席议员，赢得了 75% 的选票。如果说 1990 年大选前汤加的民主力量还不成熟，缺乏组织的话，在这之后，民主力量开始初具规模，与传统保守势力形成政治对立。受到民众支持的鼓舞，改革派继续推进变革。他们于 1992 年 8 月建立了一个正式组织，名为"汤加亲民主运动"（PDM）。其首任主席塞尔文·阿考·欧拉（Selwyn 'Akau 'Ola）声明，PDM 并非政党性质，其目的是要"创建各方均可参与的会话氛围"。

1992 年 11 月，临近大选时，一场名为"汤加宪法和民主"的大会在努库阿洛法召开，以推动此类会话。从参会者来看，支持民主运动的人来源非常多样化，既有来自不同宗教派别的教徒，又有非宗教人士。在四天时间内，汤加的政治系统受到各方批评，很多人从基督教关于平等和人权的教义出发，反对把领主和国王神化之说。其中最引人注目的是汤加自由卫斯理教会的希乌白利·塔里艾（Siupeli Taliai）牧师的言论。他在发表讲话之初指出："在我们亲爱的汤加，如今已经经历了一个世纪所谓的立宪统治，但仍然存在各阶层间的不公平现象。政治和经济权集中在一小群人手中，他们的财政收入和所做的实际工作完全不成比例，这就是为什么看起来会出现颠覆分子和危险分子，因为他们在追求公平与正义。"后来他还谈道："宪法第41条宣布国王为神灵，本身就是异教徒行为，因为我们无论在《联合国宪章》面前还是在上帝面前，都是平等的。"①

值得注意的是，尽管改革派对国王及其政府颇有微词，但是他们无意推翻君主制。波希瓦在关于君主制的辩论中，虽然对比历史上其他君主制的灭亡，提到汤加现存的君主制也不会长久，然而他强调"放弃权力的君主制注定会延续下去"。这一点和汤加亲民主运动的广大支持者态度一致，他们都愿意保留君主制，但是要求其政治权力有实质性削减。因此，汤加亲民主运动提倡的是类似于英国的君主立宪制，他们不要"君主下的立宪"，他们相信建立合理制度是解决当下问题的最有效的手段，即将国王"排除在立法权力之外"，但是仍然让国王保留"类似英国伊丽莎白女王等国家元首的尊严和礼仪"。有评论家指出，鉴于当前汤加国王的统治方式"比较慈爱和亲和"，因此汤加的问题是"如何在统治者有可能不够开明和过多干涉的时候保护人民的利益"。②

在国王和政府方面，"汤加宪法和民主"会议期间，政府加强了一系列抵制活动，在会议开始之前就禁止任何外国人（包括汤加后裔）进入汤加参会和指导当地国有电台，阻止他们发布会议讲话或是其他消息。便衣警察也在会场严密监视，只是由于汤加地域狭小，人们彼此

---

① Pesi Fonua, "Constitutional Convention: Debating the Future of the Tongan Monarchy", *Matangi Tonga*. Vol. 7, No. 5, Sept. – Nov. 1992: 9. 转引自 Stephanie Lawson, *Tradition versus Democracy in the South Pacific: Fiji, Tonga and Western Samoa*, Cambridge University Press, 1996, p. 104。

② Guy Powles, "The Tongan Constitution: Some Realities", paper prepared for the Convention on the Tongan Constitution and Democracy, Nuku'alofa, November 1992: 8. 转引自 Stephanie Lawson, *Tradition versus Democracy in the South Pacific: Fiji, Tonga and Western Samoa*, Cambridge University Press, 1996, p. 105。

熟知，与会者并没有视其为威胁。此外，首相瓦伊男爵在会议召开之前曾表示政府会派人参加会议，然而后来又改变主意说政府将对集会进行抵制。

在议会会议中，传统政治力量对新生政治力量的抵制时有发生。例如，卫生部曾发布报告说国内精神疾病患者呈增加趋势，王储就此指出，一些议员可能患有人格障碍。他在立法会上说道："人格障碍的显著特点是其坚持认为只有自己的观点正确，并试图说服其他人都以他的思维方式行事。"当有议员试图表示反对时，王储随即指出他就是自己所说的人。早在 1992 年的一次议会会议中，议员们被要求去外面"冷却一下"。贵族议员弗西图阿跟随波希瓦来到会场外面，朝他喊道："我要杀了你！你是个什么东西！像你这样的人怎么敢来挑衅我！"以此看来，贵族还很难消除阶级观念，和平民进行平等会谈。

传统政治力量一度试图争取宗教界的支持。亲民主运动人士组织"汤加宪法和民主"会议的一个月前，首相瓦伊召集内阁大臣和基督教会的领袖前来开会，商议的议题之一就是打算组建新政党，拟起名为"基督民主党"。他们以乔治·图普一世时期为例说明政教合一是最适合汤加的治国方略。然而有报道说，宗教领袖事实上并不支持政府的这个想法，他们担心政府只是想要利用教会而已。天主教主教帕特里西欧·菲瑙（Patelisio Finau）是一名亲民主运动的坚定支持者，他曾说政府组建宗教政党的计划居心叵测，其实质是要利用宗教。许多宗教领袖在亲民主运动组织的会议上也提到政府此举并没能将教会拉到他们一方，反而产生了相反的效果。政府想要组建政教合一的平台，邀请宗教领袖参与到政治领域，反而使得一些宗教领袖不得不公开为自己支持亲民主运动的政治立场辩护，菲瑙主教甚至因此和国王以及王储产生了冲突。主教表示他虽然不赞同教会参与政治，但是也认为不能无条件地接受政府所言，而是要衡量政府所为，帮助没有话语权的人民。在谈及汤加传统文化对改革的影响时，他指出传统文化对待权力的观念就是专制，极少考虑协商，这和基督教的理念背道而驰，暗指政教合一的基础根本就不存在。

汤加国内对待变革的态度不一。有的人尽管认同民主改革的目标，但是担心大部分汤加人还没有为变革做好准备，不能着急行事。一方面，汤加还不具备党派活动的氛围，人们仍然认同全民统一的方式。另一方面，民主制度要求国民受教育程度较高，这在汤加短期内还无法达到。此外，汤加的经济发展水平较低，也不适合实行民主制度。总之改革要缓，要先普及教育，提高国民受教育水平，否则有可能会导致暴乱。有的人认为汤加应该马上实行充分的民主，他们受够了对王公贵族的低眉俯首和言听计从。反对改革、认为汤加应该维持现状的人认为民主不适合汤加文化，甚至认为汤加国土太小，而民主制只适合大国。波希瓦本人认为汤加社会已经做好了进行民主改革的充分准备，并指出反对变革的上层精英们自己的生活方式其实早已西化。

而来自传统和保守方面的声音也不容忽视。一方面是不少民众仍然衷心拥护君主制，另一方面是在当权的国王及其统治下，政府为了自己的利益对民主改革势必会持有不同程度的反对意见。

对持有传统和保守观点的民众而言，他们对君主制怀有浓厚的感情，无法接受国王权力光环的丧失。《汤加纪事报》曾刊出持有保守观点民众的信件，表明他们不认同亲民主运动及其理念，因为"我们非常热爱和尊重我们的国王、王室、贵族、王公大臣，以及基督教……国王统治贵族和人民……他的身体神圣不可侵犯……我们害怕他的权威会消失掉"[①]。

对于保守的当权统治集团而言，像任何当权集团一样，他们不愿意失去权威，因此会尽一切可能来维护他们的权力和地位。1992 年 11 月举行"汤加宪法和民主"大会之后，紧接着汤加电台被总理办公室控制，长篇累牍播放民主的害处，暗指汤加传统的专制统治更加合理可取，宣扬民族主义主张，歌颂汤加传统政治相对于西方体制的种种好处。此外电台还重播了当年萨洛特女王号召民众维护汤加传统的录音。除了比较温和的劝诫

---

① Kerry James, "Princes and Power: Rank, Title and Leadership in Contemporary Tonga", Paper presented at the Conference of the Association for Social Anthropology in Oceania, Kona, Hawaii, 24 - 28 March 1993. 转引自 Stephanie Lawson, *Tradition versus Democracy in the South Pacific: Fiji, Tonga and Western Samoa*, Cambridge University Press, 1996, p. 103.

之外，政府还采取了较强硬的态度。如在 1993 年大选前几日，警察大臣阿考欧拉（'Akau'ola）通过汤加电台警告汤加国民提防"煽动对国王和政府的不良情绪、进行示威游行、引进外国政策"等"叛乱"行为，提醒听众"破坏国家稳定、挑战国王权威"等均属犯罪行为，而叛国罪最高可判处死刑。在议会讨论中，保守力量也极力反对民主改革。波希瓦提到，一些贵族声称引进民主改革会导致结束君主制、人民会丧失土地、汤加习俗和传统也会受到最大程度的殃及。

　　然而有讽刺意义的是，汤加统治集团反对变革，告诫汤加人民要守在自己的文化圈中，不要接受"外国思想"，他们自己尤其是中青年群体在生活方式上却已经完全西化。波希瓦指出王室成员和贵族更喜欢和外国朋友而不是本国人交往。他们大部分时间住在国外，把自己的儿女送到英语学校。这实际表明他们本身对汤加文化就缺乏应有的尊重。

　　保守人士认为，是否适用民主、适用什么程度的民主要依社会情况而论。埃塞塔·弗斯图阿（Eseta Fusitu'a）在被问及汤加政治进程时谈到，宪法要适合国家的基本国情，是否实行民主制要依国情而论。民主制是和西方社会相匹配的制度，并不一定就适合其他社会。他以印度为例，说明印度实行的威斯敏斯特体制使这个国家苦不堪言。而萨摩亚的宪法起草者从国情出发，规定只有领主有投票权和被选举权，1991 年改革后虽然实行了普选，但仍然坚持只有领主有被选举权，这些都符合萨摩亚国情。因此他认为汤加议会的选举也要顺应对领导阶层的多重标准，即年龄、资历以及是否合乎传统。对此，法塔费希·图依派拉哈克王子（国王的弟弟，曾任汤加首相 25 年）也不同意实行普选，认为政府要由真正有能力的人来管理。他指出只有汤加人才最了解什么最适合汤加。他提到人们根本不清楚什么是民主制，民主制在不同国家表现形式不尽相同，"这里完全不同，人们只关心日常生活，面包果当季时他们就兴高采烈……你不能和这些人谈论民主"①。

---

① Stephanie Lawson, *Tradition versus Democracy in the South Pacific*：*Fiji*，*Tonga and Western Samoa*，Cambridge University Press，1996，p. 112.

保守力量认为，就统治国家而言，贵族出身的精英人士当之无愧，普通人不但缺乏而且也不可能有足够的能力和智慧来担当重任。这样的观点甚至在平民中也不少见。这和传统上两个阶层不同的道德和价值评判体系应该说不无关系。在汤加，对于平民的道德标准和要求是 talangofua（俯首听命）、mateaki（忠于君主）、'ofa fonua（热爱国家）和 angalelei（循规蹈矩）；而对于上层则是完全不同的价值期望，包括 to'a（勇猛果敢）、fa'a（技艺高超）、fie'eiki（领袖气质）和 fiepule（善于控制）。两套价值体系迥异却又互补，双方的保守力量都认为政府首脑应由具有贵族血统的精英人士担任，平民甚至没有足够的判断力来选举合适的领导人。

然而这一观点在新生代平民精英的不懈努力下，逐渐被淡化和消解。21 世纪初汤加在经历了预料和担心中的暴乱后，犹如凤凰涅槃，改革迈出了实质性的一步。

三 2006 年汤加暴乱及随后的实质性改革[①]

整个 20 世纪 90 年代支持民主派候选人的人数一直呈上升态势：1990 年为 58.1%，1993 年为 65.2%，1996 年为 65.5%，然而在 1999 年大选中，尽管民主和责任仍是主要议题，其支持率却骤降到 39.6%。2002 年民主派候选人虽然赢得了大多数席位，支持率有所上升，但是仍没有突破 50%。原因可能是变革的议题和计划一成不变，仍然是寻求政府的透明度和责任心，却丝毫没有采取激进行动之意，民众开始失去耐心和信心。在 2005 年大选之前政府经历了一系列困难，如民主改革进程缓慢，导致人们对政府不满；遭遇美国公司的诈骗，导致政府投资蒙受巨额损失；政府试图控制其认为有不实报道的媒体，被告上法庭判为败诉；汤加航空蒙受巨额损失；等等。鉴于这些事件，来自民主改革的压力日增，国王终于同意内阁大臣中可以有两位分别从平民议员和贵族议员中选举产生。至此，长期以来争取的改革终于有了一点眉目。

---

① 该部分主要参考自 Martin Daly, *Tonga: A New Bibliography*, Honolulu: University of Hawai'i Press, 2009。

　　2005 年 11 月，由图依派拉哈克王子领导的政治改革国家委员会成立，负责向民众了解政治改革意向。从 2006 年 1 月开始，该委员会在汤加所有岛屿以及海外汤加人中都召开了商讨会，然而图依派拉哈克王子夫妇 7 月在美国加利福尼亚和旅居美国的汤加人商讨改革计划时，突发不幸，遭遇车祸而亡。不过最终报告在其去世之前送到了国王手中。报告提议议会成员全部由选举产生。此外，政府和平民议员代表也都各自递交了自己的改革方案，政府提议这三个方案交由议会定夺。

　　2006 年 11 月临近大选之时，各种竞选演讲在努库阿洛法愈演愈烈，新闻媒体大肆宣传，民众积蓄已久的情绪更加高涨，最终引发了 11 月 16 日的暴乱和破坏，其间还有人伺机纵火和抢劫。据称，场面之混乱，连汤加国防军和警察一开始都控制不住，不得不从澳大利亚和新西兰紧急调来了军队和警察。这次混乱造成 8 人死亡，700 多人因煽动、纵火和抢劫罪被捕，其中包括 5 名平民议员。首都中心商业区的大部分商铺遭到破坏，甚至被烧成废墟，损失达 1.23 亿潘加。据汤加财政大臣估计，仅此一天汤加就损失了其 GDP 的 20%，而重建大约需要 9000 万潘加。这些发生在老国王图普四世去世仅两个月、举国还在哀悼之时。图普五世的登基大典也因此推迟了整整一年。发生这次暴乱的原因可能有二：一是旅居国外的汤加年轻人因刑事犯罪被美国和新西兰政府驱逐出境后回国，构成不安定因素；二是仇外情绪导致，这次暴乱中许多中国店铺和商业部门尤其成为攻击目标。汤加社会在随后的几个月中一度陷入紧急状态，政府订立了重建计划，也募集了资金用于重建，中国提供给了汤加政府 1.18 亿潘加的低息贷款，供其转给私人企业进行努库阿洛法中心地区的重建工作。

　　2006 年大选一个重大变化是，产生了第一位平民首相——费乐提·塞维勒博士。如果对比汤加之前的首相任选情况，就可以明确这次大选结果的意义：汤加在 2006 年之前只产生了五名首相，1949～1965 年当时萨洛特女王统治时期的王储、后来的陶法阿豪·图普四世国王担任首相；1965～1991 年间国王的弟弟法塔费希·图依派拉哈克王子担任首相；1991 年瓦伊男爵担任首相，2000 年起国王最小的儿子乌卢卡拉拉·拉瓦卡·阿塔担任首相。

2006 年 11 月 23 日议会会议落幕时，图普五世承诺要将民主改革向前推进，强调三个改革方案之间的分歧可以通过对话解决。他提到立法会议已经选举产生了一个专门委员会来审查三个改革方案和其他与政治改革有关的事宜。该委员会后来提出以下建议：议会中保持 9 名贵族议员不变，但平民议员增为 17 人，由这 26 名选举产生的议员选出首相，首相选出内阁大臣，提交国王同意。此外，国王可以独立指定四名大臣，可以是首相没有选中的议员，也可以是议会之外的人员。2007 年 9 月，此份提议在立法会议上得到通过，计划于 2010 年实施。

汤加的政治改革在初期即见成效，国家管理逐步进入正轨。2007 年，国王在议会开幕演讲中喜报连连，努库阿洛法的重建规划大有进展，经济发展势头也比预期更加强劲，重要领域包括旅游业、制造业、农业、渔业以及基础设施建设。

汤加国内日渐民主的社会环境为政党的产生创造了条件，政党和组织逐渐增多，尤其是 2005 年之后，各个政党派别先后建立，如"人民民主党""可持续的国家—建设党""汤加民主工党""友谊之岛民主党"等。

2010 年是汤加实行政治改革后的第一次大选，汤加国王和政府如期推进了政治改革，如前所述，国王削减了行政和人事权力，以贵族为主的枢密院降为国王个人的咨询机构，其行政决策地位由内阁取而代之，平民议员比例加大，首相不再由国王任命，而是从议员中选举产生，首相对内阁成员的确定有了选择权等。这次政治改革可以说是民主运动的巨大胜利，是汤加社会走向民主制度的标志性事件。2010 年 11 月，汤加根据新的选举制度举行了大选，贵族图依瓦卡诺以微弱优势战胜民主改革运动领袖阿基利西·波希瓦，担任首相。2014 年 11 月举行了政治改革后的第二次普选，身为平民的民主运动领袖阿基利西·波希瓦成功当选，这标志着汤加民主改革运动迈上了一个新的台阶。

第四章

经　济

汤加，这个太平洋上历史悠久的岛国，从古代长期与世隔绝的自给自足，到殖民统治下国门打开，发展以殖民国需求为主要导向的殖民经济，再到现代全球经济浪潮下寻求适合自己利益的经济道路，其经济发展经历了极大的跨越。在全球化的现代环境下，汤加正在探索自己的经济发展道路，其独特的地理环境也造就了与众不同的经济特点。

第一节　经济概览①

一　经济发展简史

汤加位于太平洋中，经济发展既靠陆地，也靠海洋。海洋中的鱼类可以做成食物，贝壳可以做装饰品，鲨鱼的牙齿和鲨鱼皮可以用来做切割用的刀具或打磨用的工具。海龟肉可以食用，平民常献给领主享用，海龟壳则用来做梳子、戒指以及鱼钩等。鲸的牙齿常用作宗教用途，也有时用作和外国人交换的商品。陆地上植物种类繁多，一些农作物有多种用途，如番薯、香蕉、车前草可食用，构树和露兜树可用来做布料和席子。椰树则全身都是宝，既可以用来做饮料和食物，还可以做建筑材料、渔网、篮子、绳索、席子、扇子以及梳子等。人们还种植卡瓦，供

---

① 本节主要以 19 世纪欧洲人到来时的情况为例介绍汤加传统经济概貌。主要内容参考自 H. G. Cummins，"Tongan Society at the Time of European Contact"，from Noel Rutherford（ed.），*Friendly Islands：A History of Tonga*，Oxford University Press，1977，pp. 78 – 84。

领主在正式场合举办卡瓦酒宴时使用。猪和家禽是家养动物，但不圈养，任其四处觅食。

汤加人的主食是植物的根茎和各种水果，因此汤加很重视农业生产。汤加的土地被分成了精耕细作的小块，之间用芦苇做的篱笆分开。最初，人们并不集中住在村落里，而是住在农田间。

自古以来汤加人经常登上邻国岛屿，有时是去做生意，有时则是聚敛财富。他们运回的东西包括木碗、精致的席子、陶器、武器以及装饰用的红羽毛。很多人还去汤加买檀香木。在汤加，人们把檀香木泡在椰油里制成香料，领主常常用来在宗教仪式中涂抹身体，那时这种贵重物品要用鲸的牙齿来交换。此外，汤加人还常去斐济求购大型帆船。

在欧洲人到来之前，汤加主要依赖自给自足的小农经济，劳动成果的分配在很大程度上受到汤加等级社会的影响，普通人对自己的经济产物并没有充分的支配权，普通平民的经济收入以供给领主为先，然后才是满足自家需要。举办大型仪式或典礼的时候，平民得把自己的东西拿来献给领主大操大办，经常造成食物严重浪费，甚至导致发生大面积饥荒。

总之，汤加传统经济以农业种植为主，辅以渔业和传统手工业，与周围岛屿有一定的以物物交换为形式的经济贸易，但并没有形成规模。

二 经济问题与政策

1. 经济问题

汤加是以农业为主的国家，国民的经济意识普遍比较薄弱。早在欧洲人到来之前，汤加人就享受着丰衣足食的小农经济，温饱对汤加人来说从来不是问题。适宜的气候下大自然的馈赠非常慷慨：不需花多少力气，食物就非常充足，甚至常有大量盈余（人口不超过 2 万人），尤其是在汤加传统的盛大节日依纳西节，食物的数量之多常常让到来的欧洲人瞠目结舌。时至今日，每逢节日或聚会时，食物之丰富也会让现代的来访者大吃一惊。长期以来在这种富足的经济条件下，汤加人鲜有忧患意识，乐于享受生活。

汤加丰衣足食的经济状况，在国际化的今天日渐受到挑战，汤加不得不参与到经济全球化的大潮中来，面临一系列严峻的问题。第一，汤加生产力水平较低，经济发展落后，严重依赖外援。农业、渔业和旅游业是国民经济的三大支柱，但长期以来未得到有效开发。第二，和许多岛国面临的发展障碍一样，汤加的地理位置导致其较难融入国际市场。汤加距离最近的大市场——新西兰将近 2000 公里，运输成本高昂，市场较难打开。第三，汤加经济的重要特点是非货币性贸易占主导地位，经济发展独立性较差，国民重农轻商观念严重，国民收入严重依赖海外侨汇。汤加国内经济不景气，失业率较高，加上通货膨胀，许多年轻人去国外寻找工作，有超过半数的人口居住在国外，主要居住在澳大利亚、新西兰和美国。根据汤加国家储备银行报告，2013 年月均侨汇达到 945 万美元。来自澳大利亚的侨汇最多，占 37%，新西兰占 26%。第四，基于不低的消费水平，汤加常年贸易逆差，外汇储备水平较低。主要出口市场为中国香港、新西兰和美国，主要进口市场为新西兰、新加坡、美国和澳大利亚。① 第五，财政赤字严重。汤加面临不小的债务压力。尤其是 2006 年首都努库阿洛法发生骚乱以来，为进行城市重建，汤加政府争取了许多贷款，虽然拉动了 GDP 增长，然而外债增加。第六，汤加虽然常年气候温和，但是恶劣天气如飓风或极度干旱时有发生，这对在汤加经济中占重要地位的农业而言，显然是一个不利因素。飓风或干旱会造成粮食大面积减产甚至绝收。

近年来汤加面临的经济问题较往年突出②。就国内来看，物价持续上涨，受金融危机余波影响，旅游业增长缓慢。近年由于燃油、电力、家具和纺织品价格上涨较快，生产和商业成本提高，抑制了经济发展。2008/2009 财年以后，因中国对汤加援助项目陆续完工，汤加建筑业产

---

① U. S. Department of State, Investment Climate Statement 2014: Tonga, http://www.state. gov/e/eb/rls/othr/ics/2014/index.htm. 2014.

② 中华人民共和国驻汤加王国大使馆经济商务参赞处：《汤加经济形势严峻》，http://to.mofcom.gov.cn/article/sqfb/201305/20130500108912.shtml。

值持续大幅下降，居民收入减少，国内消费不振，汤加经济处于比较低迷的状态。就国际影响因素来看，金融危机负面影响仍然存在，对汤加经济贡献巨大的国外侨汇呈下降趋势。同时，汤加对外出口仍然缓慢，贸易逆差仍然巨大。总体而言，国家外汇储备减少，财政收入有所下降。2006 年努库阿洛法遭到骚乱破坏以来，汤加接受过许多国外贷款，外债压力也比较大。整体上，汤加经济形势非常严峻。走出低迷状态还需要有条不紊和切合实际的国家政策，发展自主产业，提高汤加经济独立性。

与汤加经济不景气相反，汤加人民的收入和消费水平并不低。这成了汤加经济中的一个奇怪现象，也是太平洋岛屿国家的共同现象，专家称之为"太平洋矛盾"（The Pacific Paradox），表现为：太平洋岛屿国家经济持续放缓或处于增长停滞状态，人民却享受较高水平的物质生活，这主要得益于温度适宜的气候、外国援助以及国外侨民的汇款等。拿汤加来说，其国民收入已被世界银行划分为中上级别，许多家庭常收到数量不菲的国外汇款，然而很少有人会想到或乐意把钱用来进行投资和经营企业。大部分人将汇款用于家庭消费，如购买进口食品，改善住房条件、购买小汽车或其他进口耐用消耗品。因此表面上汤加经济比较繁荣，尤其是在首都努库阿洛法，从 21 世纪初以来小汽车数量急剧增加，甚至在上下班等高峰时段会出现交通堵塞现象。很多汤加人都有了手机和电视。

但是近年来也有人担心这种情况好景不长，随着移民在海外的繁衍，其后代与汤加本地的亲人逐渐疏远，汇款不可避免地将会减少。联合国开发计划署（UNDP）的人类发展指数[①]（Human Development Index，HDI）调查曾将汤加排在全球第 54 位，位于所有太平洋岛国之首。然而 2014 年联合国开发计划署网站数据中，汤加在全球排名为第 100 位（HDI 为 0.717），介于较高和中等发展国家之间。因此这种建立在海外侨汇

---

① 人类发展指数由联合国开发计划署从 1990 年开始每年计算一次，用来衡量一个国家在人民预期寿命、教育和经济生活水平三个方面的发展情况。

基础上的经济繁荣终究靠不住，还是要改变传统的消费和生活观念，建立自主的国民经济才是安全可行之道。汤加政府近年来也一直为之努力。2006 年以来，政府相继出台一系列振兴经济发展的政策，鼓励投资，创造就业机会，经济出现好转迹象，利率和外汇储备基本保持稳定。

从 20 世纪后半叶以来，汤加就一直在探索现代化经济发展模式，虽然屡次碰壁，汤加经济还是得到了一定程度的发展。目前，汤加经济发展面临的问题如下。一是工业发展严重受限，主要困难来自自然资源严重缺乏，国内市场相对较小而且地域分散，而国外市场又距离较远。此外，缺乏技术人员和市场管理人员进行生产指导和市场调控也是工业发展的一个障碍。二是资金不足，汤加一直在积极寻求援助和贷款，进行国内产业投资，但是外部投资仍相对缺乏，部分原因是当地投资政策不够友好，如没有免税期。三是高层缺乏有力领导，缺少行之有效的经济发展计划。① 从 20 世纪 60 年代以来，经济发展计划多是形式上的现代化，政府出台政策只是出于一时热情，缺少对现实情况的调研，而且由于过度关注一些非传统产业如工业和商业，忽视了对于农业等一些重要行业的资金投入、改革和发展。

2. 经济政策

2006 年努库阿洛法骚乱之后，汤加民主运动取得成效，国家政治逐渐走上正轨，政府制定了切实有效的政治改革方案，提高了工作效率，开始重视经济发展。尤其在 2010 年政治改革之后，政府的工作效率提高，责任意识增强，在政府循序渐进的积极政策引导下，汤加经济逐步有所起色。

汤加政府发展计划包括：一是重视私有企业，为私有企业投资和经营提供各种便利条件；二是努力提高农业生产力，重新激活南瓜和香草豆市场；三是大力发展旅游业；四是改善岛屿通信和交通系统。汤加侨民的援助资金和汇款大部分将用于经济发展和改善国内建筑设施。政府制定

---

①　部分参考自汤加前驻华大使夫人来信中就有关问题的讨论，在此表示感谢。

《汤加战略发展计划框架 2015~2025》（以下简称《框架》）来指导未来汤加经济社会发展。《框架》提出希望推动汤加经济、城乡建设、基础设施、环境等领域朝着更加包容、可持续的方向发展。《框架》将积极寻求投资，将基础设施建设作为未来十年汤加发展的支柱之一，同时在国内贸易有限的前提下，积极拓展国际贸易，推动汤加经济可持续发展。《框架》还提到旅游业极具发展潜力，教育是汤加发展的优先领域。

目前，汤加经济已经取得了一些成就，但需要做的事情还很多。政府、国际发展机构以及主要捐助国都看好汤加经济多样化的几个途径，一是渔业，调查显示汤加附近海域有大量金枪鱼群[①]经过，可以为渔业发展提供强有力的支持。二是林业，汤加国土 35% 被森林覆盖，可以大力发展椰树种植园，可以成为很有潜力的木材来源。

三　近年经济状况

随着 20 世纪末全球经济一体化的发展，汤加也慢慢融入这个大潮中。汤加经济主要依靠农业、渔业、旅游业和国外汤加人的汇款。农业、工业和服务业分别占 GDP 的 19%、18.1% 和 62.9%（2009 年）[②]。农业出口产品主要为南瓜、椰子、香蕉和香草豆，占出口总额的三分之二。其他食物则要依赖进口，主要来自新西兰。汤加渔业发展势头良好，是重要经济来源。汤加旅游资源丰富，拥有热带海滩、热带雨林、活火山，以及理想的潜水地点，旅游业近年来发展迅速，该行业收入已成为仅次于侨汇收入的主要货币来源。汤加工业基础薄弱，近年来在国家政策引导下有了一些发展。

汤加和其他太平洋岛国一样，经济总量小，市场开放，很容易受到国内和国外不安定因素的冲击。2006 年底汤加曾经历国内政治骚乱，首都商业区遭受重创。2007 年汤加经济出现负增长，2008 年虽有所回

---

① 汤加附近海域的这种金枪鱼为太平洋所独有，重达 75 磅，具有极大的经济价值。

② "Economy", Background Notes On Countries Of The World：Tonga（2010）：8. Business Source Premier. http：//search. ebscohost. com/login. aspx？ direct = true&db = buh&AN = 63980148&lang = zh – cn&site = bsi – live.

升，但又受到全球金融危机的影响，旅游业低迷，侨汇和出口都有所减少。2009 年 9 月，汤加部分岛屿遭到海啸袭击，造成了一定的人员伤亡和财产损失，2009 年 GDP 出现缩水。政府随即采取了宽松的财政和货币政策，却导致财政状况更为糟糕。2010 年，重建工作陆续开展，国内建设增加，国外环境改善，汤加经济开始复苏。与此同时，全球经济回暖，来汤加旅游的人数增加。此外，借助国外援助和低息贷款，政府采取了积极的货币政策，2011 年经济持续增长。2012 年 3 月，汤加国王图普五世在香港医院去世，王储乌卢卡拉拉王子继承王位为图普六世。中国外交部数据显示，由于包括中国在内的各个国家资助的汤加国内基础设施建设项目陆续完工，加上旅游业收入降低了 7.9 个百分点，总体来说，汤加 2011/2012 财年（2011 年 7 月至 2012 年 6 月底）的经济增长率有所降低，由前三年的年均 3% 降到了 1.3%。公共投资项目已经完成，汤加 2012/2013 财年经济增长平平，但是通货膨胀率有很大下降。[①] 2013/2014 财年主要经济数据如下：GDP 约 8.29 亿潘加[②]（约合 4.39 亿美元），同比增长 1.8%；人均 GDP 约 8000 潘加（约合 4232.8 美元）。2014 年底汤加统计部数据显示通货膨胀率为 0.2%[③]，2015 年 5 月汤加统计部数据显示通货膨胀率为 -0.6%。

汤加统计部 2004 ~ 2011 年的国民账户数据显示，汤加 GDP 自 2006 年以来连续五年增长，部分归因于 2006 年骚乱后首都努库阿洛法中心商业区的重建工作和由捐赠资金资助的项目工程。汤加 2010/2011 财年 GDP 增长率为 2.9%，2011/2012 财年 GDP 增长率为 0.8%。从 2006/2007 财年以来，GDP 增长率平均为 2.4%。据统计，2011/2012 财年的 GDP 按当前价格计算为 7.99 亿潘加，人均 GDP 自

① Coleman, Denise Youngblood (Editor in Chief), *2014 Country Watch Review*：*Tonga*, Houston, Texas：Country Watch, Inc., 2014, p.71.
② 汤加货币名称为"潘加"（PA'ANGA），1 美元 ≈ 1.89 潘加（2014 年 8 月）。
③ Tong Department of Statistics, Consumer Price Index (CPI), December 2014. http://www.spc.int/prism/tonga/#consumer - price - index - december - 2014 - including - cpi - for - the - period - and - annual - inflation - etc.

2006/2007 财年以来逐年增加。近年来汤加经济发展主要数据详见表 4-1。

表 4-1　2008~2012 年汤加实际国内生产总值及相关数据一览

年份	2008	2009	2010	2011	2012
实际 GDP(亿潘加)	3.900	3.900	3.800	3.900	4.100
名义 GDP(亿潘加)	6.700	6.700	6.900	7.600	9.700
人均名义 GDP(千潘加)	6.430	6.410	6.550	7.210	9.240
政府开支(亿潘加)	1.300	1.300	1.300	1.100	1.400
个人投资总额(亿潘加)	1.800	1.800	2.000	2.600	3.400
商品和劳务出口总值(国民收入与产出账户)(亿潘加)	0.900	1.000	1.000	2.300	2.900
商品和劳务进口总值(国民收入与产出账户)(亿潘加)	3.800	4.200	4.100	2.300	2.800

数据来源：Coleman，Denise Youngblood（Editor in Chief），*2014 Country Watch Review：Tonga*，Houston，Texas：Country Watch，Inc，2014，p.73.

汤加近年 GDP 和人均 GDP 如图 4-1、图 4-2 所示。

虽然汤加经济在 2005/2006 财年和 2006/2007 财年放缓，但之后连续增长。与 2006/2007 财年相比汤加经济有了大幅增长，部分原因在于 2006 年汤加首都骚乱后，城市重建带动了 GDP 增长。

就 GDP 增长率而言，汤加主要产业产值增长率为 0.5%，其中种植业增长量和渔业、林业出口的降低相抵消；工业增长率为 1.2%，其中建筑业、矿业持续表现良好，但制造业、供电和供水行业有所下降；服务业增长 0.4%，部分增长和工业交叉进行。基于各产业的增长，国民总消费支出增长了 3.5%，资本形成总额降低了 3.7%。

总之，汤加经济规模较小，同时对外又较为开放，容易受到国内外局势变化的冲击。经济发展面临的挑战包括负债率高、就业机会有限以及私人投资力度较小等。

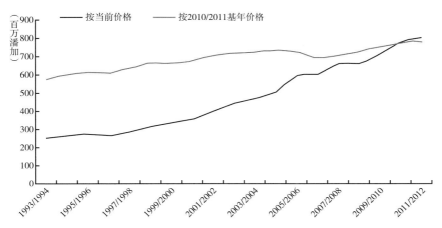

图 4 - 1　汤加国内生产总值曲线图（1993/1994 财年～2011/2012 财年）

资料来源：汤加统计部。

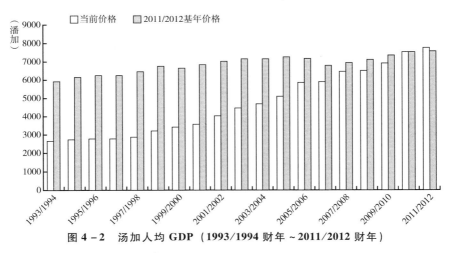

图 4 - 2　汤加人均 GDP（1993/1994 财年～2011/2012 财年）

资料来源：汤加统计部。

第二节　农业

　　汤加常年气候温和、雨量充沛，属于干湿季分明的热带气候，一年四季适宜的气候、肥沃的土壤以及周围大海里取之不尽的鱼虾，使得汤加人

世代靠天、靠海吃饭，农业可以说是汤加最传统的经济方式。在 19 世纪
欧洲人到来之前，汤加人都是自给自足，和外界鲜有经济来往。19 世纪
汤加国门被迫打开之后，汤加的农业生产开始随国外市场需求而有所变
化。

目前，汤加经济虽然主要依赖外援和侨汇来弥补贸易逆差，但农业也
是汤加重要的收入来源。农业一直以来保持着汤加主业的地位。农业作为
粮食生产、现金收入、人口就业、GDP 和出口创汇的重要来源，为经济
做出了显著贡献。20 世纪 90 年代汤加农业对 GDP 的贡献率约为 30%，
21 世纪初也保持在 25% 左右，近几年由于经济不景气和出口下降，农业
对 GDP 的贡献率不断下滑，但仍然是汤加经济的支柱产业。据汤加政府
统计数据，农业对 GDP 的贡献率在过去的两年里稳定在 18% 左右，2010
年 GDP 为 6.72 亿潘加，农业生产总值为 1.20 亿潘加，其中种植业生产
总值为 8790 万潘加，约占农业生产总值的 73.3%，对 GDP 的贡献率为
13.1%。[①]

一　种植业

1. 概况

种植业在汤加占主导地位，但生产力较低，基本靠自然发展，大部分
以小农场为主，农作物品种单一，耕作方式较为原始，技术相对落后，产
量不高。汤加全国耕地面积为 165.8 平方公里，占土地总面积的 22.2%。
近年来在政府政策的鼓励下，汤加人大力种植经济作物，为国民经济做出
一定贡献。在汤加 2014/2015 财年预算报告中，政府大力扶持农产品出
口，进一步开拓澳大利亚、新西兰以及美国市场。

早在 19 世纪欧洲人来到汤加时，椰油和椰干由于在当时的欧洲被
广泛用于制造肥皂和人造黄油，率先成为汤加主要的出口产品。当时也
有人曾经在汤加人种植咖啡豆、棉花和甘蔗等其他经济作物用于出口，

---

① 中华人民共和国驻汤加王国大使馆经济商务参赞处，《汤加农业概况》，http：//to. mofcom.
gov. cn/article/ztdy/201212/20121208503305. shtml。

但都没能成功。20 世纪 70 年代，世界椰干价格下跌，几乎无利可图，汤加人种植椰树的积极性大为降低。21 世纪初重新种植椰树的计划开始启动。

目前，汤加农产品出口占总出口量的 90%。卡瓦、香草豆和南瓜近年来逐渐成为主要经济作物。21 世纪初，根据国际市场的需求，汤加引进了两种新的出口作物，一种是香草，长期以来汤加供应着世界上大多数的香草豆，香草曾经在瓦瓦乌群岛大量种植，现在大多在汤加塔布岛西部的种植园种植。质量上乘的香草豆在国际市场上能卖到相当不错的价钱，只是由于其他国家和地区的竞争，香草豆价格起伏不稳。另一种是南瓜，为迎合日本市场对南瓜的需求，汤加利用其有利的气候条件在每年年末上市供应，在这个时间段没有任何竞争对手，有些人靠此获利颇丰，迅速致富，以至于许多土地被转而种植南瓜，甚至用于国内消费的主食作物都受到了影响。南瓜和西葫芦远销日本，2011 年前后超过香草豆出口额，成为汤加重要的出口农产品。

除了主要的出口产品之外，还有部分产品占有一定的出口比例。目前汤加咖啡日渐受到旅游者的推崇，已成为国际市场新宠。汤加的咖啡豆主要种植在低纬度地区，靠火山灰的滋养，是纯正的有机农产品，目前已销往世界各地。汤加还盛产香蕉、菠萝、椰子、西瓜、木瓜等热带水果及少量蔬菜，除了供本国国民食用外也有出口。其他出口的农产品还有生姜、黑胡椒、可可等。木薯、芋头等根类作物是国内传统食物的重要组成部分，但也有部分出口，主要出口至拥有较大汤加社区的新西兰等地。

另有一些农产品市场有待开发。卡瓦有药用价值，可以用作天然镇静剂，只是这种用途还没有得到正式的药用许可，目前虽销往美国及欧洲市场，其主要出口市场仍是太平洋国家，用于传统用途。海草曾经在日本市场销量不错，但是也没有得到有效开发。总之，汤加的农业投资相对太少，农产品供应不够稳定，有时不能满足市场的需要。

汤加进口的农产品数量不多，大米、面粉以及岛国没有的部分蔬菜、水果等依赖进口。

2. 农业人口与耕地[1]

据太平洋共同体秘书处（SPC）2009 年统计数据，2008 年汤加全国人口为 10.27 万人，农业人口占 77%。汤加统计部 2011 年公布的人口普查数据显示，汤加总人口为 103252 人。在全部家庭当中，64.2%（10102 个）的家庭从事农业生产活动（农产品用于家庭消费或销售），5.3%（839 个）的家庭仅从事非常少量的农业生产活动（只在不到 1/8 英亩的土地上种植庄稼、树木），30.5%（4797 个）的家庭不从事农业生产活动。在从事农业生产活动的家庭当中，59%（5964 个）的家庭从事自给农业生产活动，38.6%（3896 个）的家庭从事自给农业生产活动但偶尔也销售他们种植的农作物，2.4%（242 个）的家庭从事农业商品化作物生产。

据 2001 年全国农业普查，汤加农业耕地面积约 66330 英亩，99% 为私有。因此，汤加农业仍以传统的小农经济为主，从事家庭消费的农业生产。在所有耕地中，有 2.9 万英亩为单一农户经营，是只用于家庭消费的自给生产；3.1 万英亩用于自给生产同时也种植经济作物；其余用于商品化农业生产。

3. 投资形势[2]

汤加四季如春，年平均气温为 20℃，年平均降雨量 2000 毫米，土地平坦肥沃，并有大量闲散土地，非常适合种植瓜果蔬菜。但是，当地尚无专业的大型蔬果种植园，在此建一个出口兼内销型的果蔬种植园，前景良好。种植项目可以以无籽西瓜为主，其次还可以种植甜瓜（哈密瓜）、番茄（圣女果）、甜椒（黄色或彩色）、西兰花、胡萝卜、甜糯玉米等。投资包括蔬菜大棚育苗、室外种植、雨水收集灌溉、储藏、购买农用物资、包装分装等。以 100 亩的中等规模种植园为例，投资总额约 150 万潘加（含 100 万潘加固定资产投资，第一年运营成本及流动资金），年产西瓜

---

[1] 中华人民共和国驻汤加王国大使馆经济商务参赞处，《汤加农业概况》，http://to. mofcom. gov. cn/article/ztdy/201212/20121208503305. shtml。

[2] 中华人民共和国驻汤加王国大使馆经济商务参赞处，《汤加投资调研》，http://to. mofcom. gov. cn/article/ztdy/201312/20131200431787. shtml。

25 万公斤、甜瓜 3 万公斤、番茄 5 万公斤、甜椒 3 万公斤、胡萝卜 3 万公斤、西兰花 1 万公斤、玉米 0.5 万公斤。另外在雨季还可种植叶类蔬菜。根据汤加市场价格计算，除去 5% 的自然消耗，年收入可达 73 万潘加，投资年回报率为 48.7%。

由于汤加市场容量有限，而种植园面积一般超过 100 亩，如需进一步扩大生产规模，必须以出口为主。目前汤加与澳新等周边发达国家签有农产品贸易便利化协议，只要符合出口目的地的产品检验检疫标准即可，市场前景良好。

二 林业①

汤加林地面积约 5.4 万公顷。其中，农林复合椰子种植园面积为 4.8 万公顷，乡土林面积为 0.4 万公顷，人工林面积为 0.2 万公顷。

汤加森林资源非常有限。天然硬木林只能满足一小部分自用木材的需求，由于过度开发利用和砍伐轮垦而呈现减少的趋势。

汤加所有的土地均属集体所有。在 19 世纪 50 年代，为了发展林场，政府划分了土地。主要造林树种是松、柏类。汤加传统林业是混农林业，尤其以椰子为主。汤加的林业目前发生了很大的变化，正向商品化农作系统转变，由此导致活立木数量有所减少。汤加的木材主要产自椰子种植园和人工林。尤其是集约经营的椰子种植园是汤加最大的木材供给源，而且今后仍将是国内木材生产的主要来源。

薪炭林是汤加的主要能源，80% 的农户以木材为燃料，70% 的农户靠薪炭林获取经济来源。以木材为原料制作的手工艺品也成为出口创汇的主要来源。非木材林产品，如用可可树皮提取的染料等也是非常重要的经济来源。

汤加现有 7 处陆地、9 个海口和 2 个边陲地区被划为国家森林公园，旅游业已逐步成为国家经济的一个重要组成部分。

---

① 中国林业网，《森林资源》，http://www.forestry.gov.cn/portal/main/map/sjly/tangjia/tonga02.html。

汤加林业项目为3年滚动计划,每年进行修改和调整。林业项目计划在以下领域内开展工作:以生态学为基础的天然林普查和发展管理计划;改进农林复合中的树木培育;发展埃瓦国家公园;建立一个农林复合的苗圃;造林试验;管理现有苗圃;清查和发展椰树资源;保证采伐基地的天然更新;人工造林;建立椰木制材厂;提高现有制材厂的等级。

实践证明,建立小型的可移动式制材厂,对于那些具有丰富资源的小岛来讲,是一个非常有效的手段。它们可以生产很好的锯材,而且价格比进口的低,这种小型的可移动式制材厂同样适合于椰子林。汤加和新西兰签署了一项林业发展合作项目,内容包括发展椰木制材厂、增加农林复合经营及提高林业管理水平。该项目对汤加森林资源的管理至关重要。1991年,政府同意出租800公顷土地用于造林。据1996年的研究报告,用檀香树和加勒比松混交造林可以得到最大回报率。

在林业发展方面,汤加得到了联合国粮农组织、欧共体以及新西兰、澳大利亚、德国、日本等方面的国际援助。援助领域包括制材、建设苗圃、造林、农林复合经营、手工艺品制作、椰木加工利用等的培训。其中农林复合经营系统中援助的重点是:林业田间试验研究、海岸保护和恢复、生物多样性保护、林业信息、森林及树木改进计划和强化研究机构。

当前汤加的林业发展战略主要是:建立国家农林复合经营体系;建立檀香树种植园;加强林业研究和森林保护;参与区域椰木制材培训中心计划;实施流域管理中的地区行动。

三　渔　业

汤加是岛国,四面环海,海里的鱼蟹也是饭桌上常见的菜肴。如今,和农产品一样,捕捞的鱼类除了供应国内市场,也开始形成产业销售链,成为出口创汇的增长点。

汤加海域辽阔,渔业资源较丰富,但捕捞方式较落后。汤加海产品种类繁多,出口以金枪鱼为主,其他如海参、海藻也深受各地欢迎。过去汤加人捕鱼主要是供自家食用，近年来，政府大力鼓励商用渔业，由于气候原因和过度捕捞，鱼类资源不断减少，加之运输成本的不断增加，金枪鱼等主要渔产品出口下降，发展低于预期。目前，汤加渔业年产值为 600 万潘加左右，占汤加 GDP 的 4%，由于汤加属于岛国，海洋资源丰富，发展渔业潜力巨大。根据汤加 2014/2015 财年预算报告，汤加政府将降低渔业相关产品的进口关税，努力降低渔业的开发成本，加强管理，鼓励珍珠养殖、海参养殖等高附加值产业，合理开发海洋资源，促进汤加渔业发展。[1]

目前，当地有 22 艘捕鱼船，以打捞深海鱼为主，大部分通过冷冻船运输，小部分高品质海鱼通过冰鲜空运，市场以中国台湾、日本为主。汤加当地捕鱼牌照费用约为每年 3 万潘加（每年价格上下浮动），必须以当地人名义申请，外籍人士可以跟汤加人合作获取捕鱼牌照。目前来看，汤加广阔的海域完全可以容纳更多的渔船捕鱼，同时，随着中国渔业资源的日益减少，中国市场对进口海鱼的需求越来越大，由于当地捕鱼免税，仅需牌照费用、人工费和渔船维护费用，成本很低，具备足够的利润空间。

汤加水产资源丰富，可以进行渔业投资[2]。目前海参捕捞前景良好，主要是当地华人在从事此类项目。汤加海域盛产白沙参和猪婆参，很受中国市场欢迎，进口数额巨大。其中猪婆参个大、皮滑、肉厚，属于同类海参中的极品，投资回报率极高，但是由于汤加对于海参捕捞管理严格，需要海参捕捞、加工和出口牌照（费用为 3 万潘加），每年仅有 2～3 个月的捕捞期，政策缺乏持续性，因此存在一定的风险，不适宜长期投资。

四 畜牧业

汤加市场猪肉供不应求，消耗量大，养猪利润率高，投资回报快。截至 2015 年 8 月，汤加市场每头猪价格在 1000 潘加左右，以年出产 10000

---

① 中华人民共和国外交部：《汤加国家概况》，http：//www.fmprc.gov.cn/mfa_ chn/gjhdq_ 603914/gj_ 603916/dyz_ 608952/1206_ 609502/。

② 相关投资信息来自中华人民共和国驻汤加王国大使馆经济商务参赞处《汤加投资调研》，http：//to.mofcom.gov.cn/article/ztdy/201312/20131200431787.shtml。

头猪的养猪项目为例，养猪成本约为每头猪 740 潘加（其中小猪费 100 潘加，饲料费 500 潘加，兽药 40 潘加，人工费 40 潘加，水电及管理费 35 潘加，折旧及损耗费 25 潘加），猪从出生到出栏时间约为 170 天，每头猪的利润率达 26%。考虑到该项目对水源要求严格，饲料及兽药必须严格保证，存在一定的风险。

鸡肉和鸡蛋在汤加非常受欢迎，市场较大，风险小，回报高。目前汤加共有 3 家蛋鸡养殖场，最大的一家有一万只鸡的养殖规模，但是尚无肉鸡养殖场，市场上的鸡肉主要靠从美国进口。汤加每天鸡肉消耗量至少为 400 箱冻鸡，约为 6000 公斤冻鸡，以每只鸡 2.5 公斤计算，除去冰水的分量，当地每天至少消费 1800 只鸡，市场前景看好。养鸡的主要成本包括饲料费、兽药费、人工费、水电费、设备投入等，其中饲料成本占到 80%。饲料保质期短，容易受潮变质，宜从当地或者周边进口饲料。

汤加人也养马，但主要用来帮助农民耕侍农田。近年来受西方饮食习惯的影响，养牛量逐渐增加，因此牛肉进口有所减少。[①]

第三节　工业、旅游业、商业、交通运输与通信

一　工业

汤加工业并不发达，主要集中在首都努库阿洛法郊区的小型工业区。政府虽强调发展工业并向产品多样化方向发展，但迄今为止，只有一些小企业从事服装加工、来料加工、进口物品分装及简单的农产品加工。主要工业仍局限在小型渔船制造、食用椰油和固体油脂的加工和包装、金属废料加工、太阳能热水器组装、家具加工、电焊铁围栏、油漆分装、香烟以

① "Economy", Background Notes On Countries Of The World: Tonga (2010): 8. Business Source Premier. http: //search. ebscohost. com/login. aspx? direct = true&db = buh&AN = 63980148&lang = zh-cn&site = bsi-live.

及饼干和方便面等小食品加工等。

汤加工业发展前景极其有限，主要原因包括以下几方面。一是汤加本国资源匮乏，原材料不足，缺乏工业发展所需要的物质基础；二是汤加国土面积有限，且地域分散在不同的岛屿上，不利于形成国内市场；三是汤加与海外市场缺乏联系；四是缺乏拥有技术和管理经验的人力资源。私人企业的发展需要政府采取配套措施，如制定税收政策、劳动法规以及银行政策。

整体而言，汤加的矿产资源并不丰富。汤加境内陆地上没有煤炭、石油、天然气等矿藏，也没有水力资源。汤加不进口及使用原油和天然气，而是直接进口精炼石油，日均进口 1.202 桶①（2008 年），日均消耗 1.221 桶（2011 年）。目前国内发电全靠矿石燃料，没有采用核或者水力等其他可再生能源，发电量为 4100 万千瓦时，耗电量为 3813 万千瓦时（2009 年）。

汤加海域内的矿产资源正在勘探之中。汤加东面是著名的汤加海沟，太平洋板块在此向西俯冲，俯冲板块上部下插到一定深度后就要发生脱水，产生部分熔融，形成岩浆，岩浆烧穿海洋地壳，再从海底喷发出来，形成岛链。汤加板块的特点意味着这个区域应当储藏一定的矿产资源。2008 年 5 月，加拿大鹦鹉螺矿产公司（Nautilus Minerals Inc.）开始在汤加进行矿产资源勘探，并宣布在汤加领海发现海底块状多金属硫化物。矿石采样中 11.9% 为铜、59.8% 为锌，金、银含量分别为 28.6 克/吨和 673 克/吨。汤加塔布岛西部海沙含有钛矿（二氧化钛），含量为 35%，已经具备开采价值。汤加周围的海域可能储藏有石油，2010 年 2 月，美国 Modulus 能源公司与汤加签署协议，计划于 2015 年开始在汤加海域开始勘探性钻井作业。② 汤加很多矿产资源位于海底，开采技术要求高，难度大，矿产投资需要由专业的矿业公司来做。

---

① 桶和吨都是常用的原油计量单位，1 吨（原油）= 7.35 桶（原油）。
② 中华人民共和国外交部：《汤加国家概况》，http：//www.fmprc.gov.cn/mfa_chn/gjhdq_603914/gj_603916/dyz_608952/1206_609502/ 2014 – 8。

近年来汤加的工业产值有所提升。汤加的国民生产总值增长高于国内生产总值增长①，其主要得益于居住在新西兰、澳大利亚和美国的 50000 名汤加人的私人汇款。

二 旅游业

英国詹姆斯·库克船长在 18 世纪来到汤加诸岛时，受到岛上居民的热情款待，就曾经将此地命名为"友谊之岛"。当前汤加旅游业的兴盛也再次印证了这个名称，并因此吸引更多的游客到来。旅游业是汤加经济的支柱之一，每年旅游业收入大约为 1000 万美元，并还在持续增长。汤加政府对其发展给予积极政策鼓励，以推动其他经济部门的发展。全国有各类旅馆 50 余家，共约 700 个房间。2013 年汤加共接待游客约 5.8 万人次，游客主要来自新西兰、美国、澳大利亚和欧洲国家。2014/2015 财年，酒店及餐饮业收入占 GDP 的 3%。汤加现为中国公民旅游目的地国家。②

游客在这里可以欣赏岛上的自然风光、生态的多样性，参加各种不断开发的娱乐活动，包括海洋垂钓和淡水捕捞、观鲸、斯库巴潜水、浮潜、冲浪、游泳、赶海、看海鸟等。旅游者还可以去珊瑚礁、热带雨林、火山以及石灰岩洞等处探索。观鲸近年来已成为一大旅游特色，每年的 6~11 月，有大批鲸洄游经过汤加海域，并在此繁衍，汤加因此成为世界上为数不多的可以近距离观赏鲸的地方。2011 年汤加政府发放了 20 个年度观鲸许可证。法律规定，观鲸必须由汤加当地获得观鲸许可的业者组织和陪同，并根据指示行动。观鲸成为汤加政府和个人业主创收的途径之一。

三 商业

汤加国内的商业活动在很大程度上由南太平洋的大型贸易公司操纵。1974 年，国内第一家商贸银行，即汤加银行成立。货币贸易主要由王室

---

① 国民生产总值（GNP）＝国内生产总值（GDP）＋来自国外的劳动报酬和财产收入－支付给国外的劳动报酬和财产收入。

② 中华人民共和国外交部：《汤加国家概况》，http://www.fmprc.gov.cn/mfa_chn/gjhdq_603914/gj_603916/dyz_608952/1206_609502/。

和贵族掌控，许多小型企业，尤其是在汤加塔布岛较为繁荣的零售业企业，多为 1998 年前靠向汤加政府购买护照得以入汤的中国人所有。汤加本地人就业率较低，部分造成了仇视上层社会和外国人的现象，王室和中国人所有的商业场所在 2006 年汤加暴乱时曾成为主要攻击对象。①

四 交通运输与通信

汤加国内基础设施建设近年来大有好转，其中中国的贡献不容忽视。目前汤加境内公路总长约 950 公里，小汽车 4 万辆。汤加目前没有铁路。水运以各岛轮渡运输为主。汤加共有 6 个海港。汤加塔布岛的努库阿洛法港和瓦瓦乌群岛的纳阿夫港可停靠远洋货轮，同澳大利亚、斐济、新西兰、萨摩亚和日本等国之间有定期班轮。航空运输方面，汤加共有大小 6 个机场。澳大利亚太平洋蓝航空（Pacific Blue）、新西兰航空（Air New Zealand）、斐济太平洋航空（Air Pacific）有航班经停汤加。从 2013 年 3 月起，国内航线主要由汤加航空（Real Tonga）公司运营，新西兰查塔姆斯航空公司停止在汤运营。

汤加通信设施近年来有所发展，2012 年电话用户为 30000 户，手机用户为 56000 户，国内有两家国有电视台、两家私立电视台，有卫星和有线电视服务，广播电台共有 5 家，其中 2 家为国有，3 家为私营。2009 年互联网用户为 8400 户。②

第四节 财政与金融

2013/2014 财年汤加财政总支出为 2.66 亿潘加，总收入为 3.02 亿潘加（含外援），财政略有盈余。2014 年 7 月外汇储备为 2.8 亿潘加。汤加财政部称，截至 2015 年 1 月 31 日，汤加公共债务已达 3.926 亿潘加（约合 12.17 亿元人民币），相当于其国内生产总值的 48.4%。几乎所有的债务都

---

① "Economy", Background Notes On Countries Of The World: Tonga（2010）: 8. Business Source Premier. http://search. ebscohost. com/login. aspx? direct = true&db = buh&AN = 63980148&lang = zh – cn&site = bsi – live.

② Infoplease, http://www. infoplease. com/country/tonga. html? pageno = 2#ixzz3TMm03GE7.

是外债。其中三分之二的债务以人民币计价，债主是中国进出口银行。为帮助汤加重建在 2006 年骚乱中遭到破坏的首都，中国通过中国进出口银行提供了年利率 2% 的 4.4 亿元人民币低息贷款。汤加政府原本应于 2013 年开始偿还贷款。但在汤加国内，很多人产生了误会，想当然地认为这一贷款将转为赠款。随后，人民币升值和汤加货币潘加贬值使债务负担大大加重。令财政问题更趋复杂的是，汤加政府将中国提供贷款的一部分借给了当地企业并收取 5% 的利息，而其中大多数贷款处于违约状态。议员们就这笔贷款进行了激烈的辩论，前财政大臣利西亚特·阿科洛说，汤加已数次请求减免这笔贷款，目前我国已同意延期 5 年偿还，即应于 2018 年开始偿还。①

　　汤加全国金融系统由汤加国家储备银行（National Reserve Bank of Tonga）、汤加发展银行（Development Bank of Tonga）和西太银行汤加分行（Westpac Bank of Tonga）三大商业银行组成。汤加国家储备银行成立于 1989 年，核准资本为 200 万潘加，是汤加的中央银行，负责发行货币、调节汇率及管理国家外汇储备等。汤加发展银行成立于 1977 年，是促进投资的金融机构，主要负责向私营部门提供金融贷款，其权益资本主要由澳大利亚和新西兰政府捐赠。截至 2000 年 12 月，总资产约 3946 万潘加。西太银行汤加分行原名汤加银行，成立于 1974 年，是汤加最大的商业银行。截至 2001 年 9 月底，总资产为 9131 万潘加，存款 6390 万潘加。2002 年 7 月汤加议会批准该银行更名为西太银行汤加分行，当时澳大利亚的西太银行持有该银行 60% 的股份，汤加政府持 40% 的股份。但目前汤加政府已不再持有股份。

　　除以上银行之外，汤加还有几个小型的商业银行。马来西亚银行（MBF Bank Limited）成立于 20 世纪 90 年代初，为较小的商业银行。澳新银行（Australia and New Zealand Banking Group Limited）汤加分行成立于 1993 年，也是商业银行。另有太平洋国际商业银行（Pacific International Commercial Bank）于 2014 年 4 月开业。

　　汤加财政和金融方面相关数据详见表 4－2、表 4－3、表 4－4。

---

　　① 中华网，http://military.china.com/important/11132797/20150401/19454953.html。

表 4 - 2 2008 ~ 2012 年汤加政府开支和税收一览

年份	2008	2009	2010	2011	2012
政府开支(十亿潘加)	0.1300	0.1300	0.1300	0.1100	0.1400
国家净税率(%)	28.119	29.252	28.619	27.088	28.213
财政赤字(－)或财政盈余(十亿潘加)	0.0200	0.0100	0.0400	0.0300	0.0100

数据来源：Coleman, Denise Youngblood (Editor in Chief), *2014 Country Watch Review*：*Tonga*. Houston, Texas：Country Watch, Inc., 2014, p. 74。

表 4 - 3 2008 ~ 2012 年汤加金融信息情况

年份	2008	2009	2010	2011	2012
货币供应(M2)(亿潘加)	3.000	3.000	3.200	3.100	3.200
通货膨胀率(来自物价折算指数)(%)	0.0221	0.0106	0.0115	0.0273	0.0210
利率(%)	12.458	12.466	11.536	11.372	11.312
失业率(%)	13.000	13.000	13.000	13.000	13.000
兑美元汇率	1.950	2.040	1.910	1.730	1.760
外汇收支平衡(国民收入支出账户)(百万美元)	－0.2900	－0.3200	－0.3200	0.0100	0.0100

数据来源：Coleman, Denise Youngblood (Editor in Chief), *2014 Country Watch Review*：*Tonga*, Houston, Texas：Country Watch, Inc., 2014, p. 74。

表 4 - 4 2008 ~ 2012 年汤加国际收支情况

	2008	2009	2010	2011	2012
当前账户(十亿美元)	－0.0700	－0.0600	0.0000	0.0000	0.0100
资本和金融账户(十亿美元)	0.0800	0.0900	0.0100	0.0400	－0.0600
总体收支(十亿美元)	0.0100	0.0300	0.0100	0.0400	－0.0500
官方外汇储备(十亿美元)	0.0700	0.1000	0.1100	0.1500	0.0900

数据来源：Coleman, Denise Youngblood (Editor in Chief), *2014 Country Watch Review*：*Tonga*, Houston, Texas：Country Watch, Inc., 2014, p. 75。

第五节 对外经济关系

一 对外贸易

长期以来，汤加对外贸易逆差巨大。汤加主要贸易对象为美国、新西兰、日本、斐济和澳大利亚。汤加 2002 年加入了太平洋岛国贸易协定。汤加主要出口南瓜、鱼类、卡瓦、檀香木、香草豆和根茎作物，主要进口食品、服装、日用品、机械、运输设备、燃料和建筑材料等。

2013 年汤加进口总额为 3.516 亿潘加，出口总额为 0.25 亿潘加，贸易逆差为 3.27 亿潘加，和 2012 年逆差的 3.16 亿潘加相比高出 3.5%。2013 年，在出口总额中，国内产品出口额为 0.218 亿潘加，转口贸易（re-exports，又名再出口）额为 0.032 亿潘加。与 2012 年相比，进口额增加了 0.089 亿潘加。由于 2013 年来访飞机和船只较多，需要补充燃油，造成进口燃油转出口，2013 年转口贸易额有所增加。

根据汤加统计部数据，2014 年进口额为 4.041 亿潘加，出口额仅为 0.35 亿潘加，在所有出口中，国内产品出口为 0.282 亿潘加，进口转出口产品为 0.068 亿潘加。与 2013 年相比，进口额增加 14.9%，出口额增加 15.1%，出口额增加主要由国内产品出口增加带动，增加额为 0.064 亿潘加，增幅为 29.4%。

汤加 2011 年至 2014 年上半年进出口贸易情况详见表 4-5。

根据汤加统计部数据，2014 年汤加贸易逆差为 3.691 亿潘加，比 2013 年增加 14.9%。贸易逆差的加大主要由于以下进口量的增加：机器、机械和电子设备及零件，汽车、飞机及相关交通设备，矿产，五金配件。在所有的进口商品中，矿物进口比重最大，占总进口量的 22.3%，机器、机械和电子设备及零件占 18.6%，食品、饮料、酒类和烟草占 12.8%，牲畜和肉类制品占 11.4%，汽车、飞机、轮船及其

表 4 - 5　汤加 2011 年至 2014 年上半年进出口贸易一览

单位：千潘加，%

年份	进口额	出口额	转口额	贸易差额	出口额占进口额百分比
2014 年上半年					
第二季度	88984	4515	1711	（82758）	5.1
第一季度	82495	4222	1119	（77155）	5.1
2013 年	351628	21829	3223	（326576）	6.2
第四季度	104694	8259	539	（95896）	7.9
第三季度	85466	4737	2185	（78544）	5.5
第二季度	87795	4570	253	（82972）	5.2
第一季度	73673	4263	246	（69164）	5.8
2012 年	342742	23799	2957	（315986）	6.9
第四季度	97614	9074	332	（88208）	9.3
第三季度	86580	4995	270	（81315）	5.8
第二季度	87882	3470	723	（83689）	3.9
第一季度	70666	6260	1632	（62774）	8.9
2011 年	332210	24661	2570	（304979）	7.4

注：因四舍五入后个别数据会有出入，此处仍维持原统计数据不作改动。

资料来源：汤加统计部。

他交通设备占 6.9%，其他产品进口共占 28%。

汤加主要出口产品为蔬菜，根据汤加统计部 2014 年数据，蔬菜出口占国内产品出口总额的 43.8%，其次是牲畜和肉类制品，占 43.8%，其他产品出口占 12.4%。在所有单项出口产品中，2014 年占出口市场份额最大的为鱼类，占 21.8%，其次是甲壳类，如螃蟹、虾等，软体动物类如蚌等，以及无脊椎动物如章鱼、鲍鱼等，共占 20.3%。根茎类作物占 18%，卡瓦占 8.5%，南瓜占 7%。转口贸易中，矿产品占 80.1%，其次是机器、机械和电子设备及零件，占 11%，其他产品占 8.9%。

新西兰是汤加最大的进口来源国，也是最大的出口对象国，根据汤加统计部 2014 年数据，汤加进口额最大的国家是新西兰，其余国家依次为新加坡、美国、日本、斐济、中国和澳大利亚。汤加从这些国家的进口占其进口总额的89.3%。汤加出口最多的国家也是新西兰，其余国家和地区依次为中国香港、美国、日本和澳大利亚。汤加对这些国家和地区的出口额占汤加出口总额的73.7%。

汤加对外贸易运输的主要方式是海洋运输，2014年90.7%的进口商品经由海运，59%的出口商品经由海运。

二　外国援助

由于自身经济发展水平较低，汤加依赖外援比较严重。外援主要来自日本、中国、澳大利亚、新西兰、世界银行、亚洲开发银行等。近年来，汤加接受外援的资金额度不断增加。中国外交部数据显示，2012/2013财年汤加接受外援总额约为7500万美元。

第五章
社会与文化

第一节　社会结构与社会关系

汤加社会正处在从传统到现代的过渡期，自西方国家于 19 世纪进入汤加以来，汤加社会发生了巨大的变化，原来森严的等级制度有所改变，平民的地位得到提升，然而传统社会的种种等级观念仍然存在。

一　传统社会结构与社会关系

在古代汤加，社会结构比较复杂，等级森严。汤加的社会等级划分由来已久，形成固定的模式，划分方法如下：第一等级包括国王、领主、贵族；第二等级包括领主代言人"马塔普勒"[①]，以及熟谙传统和习俗的司

[①]　马塔普勒为汤加语称谓，英语中称为"传令的领主"（talking chief），具体职责类似于"传令官"或"代言人"。"马塔普勒"通常是国王、领主或者某个社会团体的代言人，例如领主或某些人想要向国王进贡礼品时，他们会委派自己的"马塔普勒"去向国王说明来访目的、所呈礼品等，同时要使用非常正式的用语。国王有自己的"马塔普勒"，负责帮助国王接待访客。此外，"马塔普勒"的职责还包括在各种正式场合（如婚礼、葬礼或者国王的登基仪式等）担任主持。总之，"马塔普勒"是国王、贵族、领主等有地位的人的助手，有的也有田产。他们一般来说是领主的后代，或是一些大领主的私生子，称号由国王或领主赐给。在汤加，血脉非常重要，国王和其他王室成员在选择"马塔普勒"或其他职位人选时，通常都要考虑其亲缘关系。"马塔普勒"的地位和主人直接相关，同时也和他们在典礼或者组织活动中担任的角色有关，职责越重要，则地位越高。

仪人员"穆阿"（mu'a）；第三等级是平民"图阿"（tu'a）。国王是最高权力的代表，可以任命领主和贵族来统治特定区域及当地人民，平民对领主和贵族效忠，领主和贵族对国王效忠。在汤加，有一整套严格的义务和禁忌约束社会、政治和文化关系。也有人把前两级归为第一等级，把平民归为第二等级，第三等级为奴隶。

在领主之间也存在明显的等级观念，这种尊卑有别的复杂系统直到今天还在通用，常见于举行卡瓦酒宴会时的座次安排，尤其是王室的卡瓦酒宴，座次更加严格。领主之间的尊卑之别主要来自长幼观念，权势大小也会有影响，此外，不同性质的宴会也会凸显不同的尊卑之别。

领主和平民间有巨大的鸿沟，虽然领主不一定实行暴政，但是平民要对领主绝对臣服。库克船长曾经在他的日记里这样描述一个低级领主暴打没有及时听令的平民："他抄起一根棍棒，打得他口鼻喷血，躺在地上，浑身抽搐，场面相当残忍。得知这个人被打死后，这个领主非但没有一丝愧疚，反而大笑后扬长而去。"① 由此可见，平民的社会地位在古代相当低下。

处在社会和政治金字塔最底端的是奴隶。奴隶在汤加分为两种，一种是包普拉（pōpula），是因为受到惩罚而被贬为奴的人，另一种是毫包阿特（hopoate），是由战俘沦为奴隶的。这些人地位都在平民之下，更没有任何尊严可言。

除了领主和国王，人数最少的群体是外国人，汤加称所有的外国人为穆利（muli），通常包括萨摩亚人、斐济人以及后来到来的欧洲人、新西兰人、塔希提人、夏威夷人等。在传统社会中，外国人独立于传统禁忌系统之外。

此外，汤加传统社会中还有一个重要的场所需要划分等级——家庭。每个个体都是一个不断膨胀的家庭圈落成员，按照关系近疏可依次分为大

---

① H. G. Cummins，Tongan Society at the time of European Contact，from Noel Rutherford（ed.），*Friendly Islands：A History of Tonga*，Oxford University Press，1977，p. 68.

家庭（fa'ahinga）、姻亲家族（kāinga，包括所有有血缘关系的成员）以及家族（ha'a，包括所有有联系的家庭）。在家庭中，珐笏①关系相当重要，年长女性甚至年长女性的子女的地位都相对较高，这成为家庭中划分等级的重要标准。

二　现代社会结构及社会关系的嬗变和特征

步入现代社会以来，汤加社会结构和社会关系更加复杂，尤其是上层社会构成趋于多元化，等级制的社会结构依然存在。随着民主理念逐渐深入人心，平民地位有所提升，教育和贸易以及亲民主运动的发展催生了新的精英层，他们位居社会顶层，与此同时，传统的贵族势力仍很强大。

一方面，20世纪末，国民受教育水平的提高和亲民主运动的发展不断挑战汤加的传统等级制度。一些平民经过自身的努力，社会地位有所提高。19世纪基督教会进入汤加，开办了一些学校，汤加的平民教育逐渐普及，时至今日，汤加国民识字率几乎达到100%，越来越多的平民通过自身努力，甚至比一些贵族的受教育程度都要高，他们开始在政府部门和其他行业担任重要职务，获得了比较高的社会地位，这在汤加构成了一些学者所称的中产阶级。此外，20世纪末，亲民主运动持续升温，国内民主化程度有所发展，平等理念逐渐受到推崇，许多宗教人士也站在亲民主运动一方，挑战传统等级结构，倡导法律面前和上帝面前人人平等。在现代理念倡导下，平民的地位有所提升，传统领主的地位受到挑战。人们甚至会惊讶地发现，短短二三十年间，普通民众对待王室和贵族的态度已经不如以前谦恭。

另一方面，随着汤加逐渐步入现代社会，由领主和贵族构成的传统精英势力有所削弱，新的社会精英逐渐形成，并步入统治阶层，其中包括在亲民主运动中上台的知识分子精英，也包括在贸易竞争下发财致富的商界精英，他们在现代汤加社会中的话语权日益强大，部分程度上可以和传统

---

①　"珐笏"详见第一章"民俗"部分对"妇女地位"的介绍。

的贵族势力平分秋色。

人们担忧新上台的领导层腐化堕落，无所作为。因为"在任何形式的斗争和运动之后，获取权力的一方难免会丢掉斗争的初衷，迅速加入掠食精英阶层一方，通过剥削他人获得更多利益，并维护自己的地位和特权"①。现实情况下，新生精英阶层和传统上层的接触不可避免，在某种程度上已经产生社会问题，如腐败和官僚作风，这阻碍了社会经济发展。目前汤加政府正在极力避免此类事情的发生，波希瓦首相在多次对华接触场合表示，汤加政府高度重视加强政府能力建设，希望借鉴中国经验，推动汤加经济社会发展。值得注意的是，虽然平民地位有所上升，新的精英进入领导阶层，但是传统贵族的势力仍然很强大，贵族仍然稳坐在社会金字塔顶端。

19世纪后半叶领主制转变为贵族制，上层权力看似被削减，然而等级制度没有改变。1862年国王图普一世颁布了法典，规定领主自此以后没有权力以任何形式向平民强征索要财物，这在汤加历史上具有划时代的意义，不仅大量下层人民从无偿劳役中被解放出来，而且领主的独立权威被打破，领主成为国王的付薪下属，只是他们相对于平民高高在上的社会地位仍然没有改变；1875年宪法虽然罢免了一部分领主，然而用立法的形式将部分领主按照西方的模式转变为贵族身份。19世纪末，根据西方制定的分封制，汤加设置了33个贵族称号，一般由地位较高的领主担任，实行世袭制。

虽然设立了贵族称号，然而领主的头衔依然存在，各个王子甚至国王本人都有领主的头衔。一般来说，每个村庄有自己的领主。在现代社会，领主仍然在发挥领导作用，人们依然对其忠心耿耿。领主和贵族一样，都实行世袭制，一般由长子继承。

贵族权力主要体现在他们对土地的所有权上，随着土地改革的推行，他们的势力有所弱化，然而影响力仍然不容忽视。首先，在政治上他们仍然享有特殊的地位。汤加议会共有26个席位，其中17个平民议员在全国

---

① Kalafi Moala, Keeping an eye on the elites, http://pacificpolicy.org/2015/02/keeping-an-eye-on-the-elites/.

由公选产生，其余的 9 个席位在全国 33 个贵族中产生。可见，贵族在汤加的势力依然强大。其次，经济上的特权仍然存在。贵族不需要为社会做任何事情，仅靠贵族头衔就可以得到高薪。而且在通常情况下，他们都是汤加的大地主，除了政府的俸禄之外，他们可以通过出租土地轻而易举地获取财富。在社会地位上，贵族也通常享有优待，在公共场合，他们都是优先服务的对象。

认同贵族世袭制的人认为，国王、贵族和平民各等级之间存在一种互惠关系，每个群体都各自负有义务和责任，例如尽管贵族有权从租种其土地的平民那里获取好处，但是他们也有责任给予这些平民相应的好处，并对这些人的生活负责。国王和贵族要对平民负责，由此平民对他们产生依赖。如果他们本身行为端正、德高望重，通常会得到平民的尊重、拥护和信任。

整体而言，19 世纪后半叶汤加颁布的宪法打破了领主的绝对权威，提高了平民的地位；近些年来的亲民主运动催生了新的精英阶层，他们为平民争取权利，并呼吁限制贵族的权力，社会各阶级之间的界限不再那么清晰。然而民主平等的政治权利目前在汤加并没有完全实现，等级制仍然存在，传统的力量根深蒂固，当代汤加人还在遵循古老的传统，对国王和贵族尊重如初。社会各阶层的平等需要相当长时间的努力和好几代人的逐渐磨合。头衔和地位二者不一定重合。社会头衔生而确定，社会地位则要靠个人的贡献和成就博取。对于每个汤加人来说，找准自己在社会中的位置，并学会处世的技巧，是成长的重要环节。①

三　社会管理

在古代汤加，早期社会管理依靠的是氏族部落。家庭散居在适合种植山药和芋头等作物的地区。家庭之间由父子血统相连形成部落，各个部落

---

① Martin Daly, *Tonga: A New Bibliography*, Honolulu: University of Hawai'i Press, 2009, p. 16.

都有其共同的最早领主。领主的地位由长子继承，长子延续成为领主家庭血脉传承的主线。领主是权力核心，其他人则成为平民，其地位高低由与领主的血缘亲疏而定。每一个部落地位重要性依据其领主数量、权力和影响力而有所区别。有时候男性宗亲可能会由于家庭内部分歧等原因离开自己原来的氏族部落，转投其他更有权势的氏族群体。在这种情况下，有不少氏族部落内部发生分裂，甚至走向没落。①

在这些氏族部落中，图依汤加家族地位最高。传说第一位图依汤加阿霍埃图是神的儿子，公元 950 年成为汤加的最高统治者，12、13 世纪时图依汤加国王权势和影响力日渐扩大，形成中央集权。19 世纪在欧洲人的强势影响下，汤加成为目前太平洋岛国仅存的君主制国家。虽然在 19 世纪汤加成为君主立宪制国家，然而与其他君主立宪制国家不同的是，受早期氏族制社会关系的影响，领主在政治和宗教生活中始终扮演重要角色，领主仍然是当今社会的重要角色，在一个家族中，领主拥有最高权威，死后权力仍然由其长子世袭。此外，由于汤加特有的珐笏关系在汤加家族生活中扮演重要角色，日常生活中的礼仪和规矩主要是靠女性宗亲维护，她们相对兄弟及兄弟的子女拥有较高地位。例如，国王的大姐比国王的地位还要高一些，甚至大姐的子女，即国王的外甥都要比国王的地位更高一层，国王对他们都要在礼节上表示顺从。

在当代汤加，首都努库阿洛法是国内唯一的都市和商业中心，随着和国际社会的交流增多，汤加传统的波利尼西亚生活模式和西方生活方式日益混杂，例如传统的大家庭聚居的生活模式开始减少，越来越多的年轻人选择和父母分开自己单住。但是乡村生活仍然以传统生活方式为主，延续了几千年的以乡村为根基的传统生活方式和亲缘关系在全国范围来看仍然占有重要地位。整体而言，汤加现代社会仍然以大家庭为单位，社会关系非常紧密，人人都有很强的群体观念和归属感，在一个个大家庭里面，亲缘关系较远的亲戚也被视为亲密的家庭成员。人们在建造家园时，很少在

---

① Douglas L. Oliver, *The Pacific Islands*, Harvard University Press, 1952, p. 130.

偏远的地方独自建房，院子里也从不设篱笆，这些都源于汤加亲密的群体关系。

正是因为汤加的社会以家庭为管理单位，家庭成员之间有责任和义务相互照料，汤加政府从来不必担心社会保障。因此汤加一直没有建立正式的社会保障系统。

移民和经济货币化正在慢慢瓦解传统的大家庭。过去，穷人都是由其所在的大家庭负责照顾，而现在这些人基本不会再享受到这种待遇。此外，宪法本来规定每个男子年满 16 岁可以分得一块 8.25 亩的土地，然而由于人口增长迅速，目前已经无法实现。汤加人口密度在 2002 年时就已经达到每平方公里 132 人。越来越多的人从农村迁移到城市，城市传统的社会和政治结构正在发生变化。汤加人目前面临的一个重要问题是，在西方科技和文化的日益影响下如何保护本民族的文化认同感和各种传统习俗。受教育机会的增多、越来越广泛的媒体渗透以及移民国外的汤加人传递过来的外界信息，提高了汤加平民的政治意识，激发了他们对政府制度的不满情绪。在过去二三十年的时间里，政治改革呼声越来越高，得到了广泛的社会支持，发展势头也越来越强劲。这些都对汤加社会的平稳发展构成了新的挑战。

第二节　医疗卫生

在汤加，卫生部负责医疗保健，为国民提供全民免费医疗和牙齿护理，在全国范围内分配医药品，管理卫生类教育项目。汤加人均寿命为70 岁，其中女性是 73 岁，男性是 68 岁（2009 年估算）。婴儿死亡率为11.88‰。[1] 汤加GDP 中大约 6.2% 用于卫生支出。卫生条件、生活用水以及医疗保健都能够得到较好的保障。汤加很少有人得热带疾病，政府出资为人民接种疫苗，净化水源，其他一些卫生项目有效抑制了许多曾

[1] Coleman, Denise Youngblood (Editor in Chief), *2014 Country Watch Review*: *Tonga*, http://www.countrywatch.com.

很常见的疾病，如伤寒等。然而，患癌症、血液循环和消化道疾病以及糖尿病等的人数近年来迅速增加，有可能是因为随着与外界交流增多，汤加人生活方式和饮食结构有所改变，不少人摒弃了传统食物，越来越依赖进口加工食品。

汤加共有三所医院，三大群岛上各有一所。首都努库阿洛法的医院最大，拥有最先进的医疗设备。虽然汤加的医务工作人员在其他国家接受过专门的高级培训，但是如果患者要接受先进的医疗服务，则需乘飞机去美属萨摩亚。

汤加人较高的生活水平主要依赖海外汤加人的汇款。汤加是除非洲莱索托外世界上人均接受海外汇款最多的国家。

第三节　环境保护

相对于许多国家和地区来说，汤加是人间天堂、度假胜地，但随着全球化程度的加深和国内社会经济的发展，环境问题接踵而来、不容忽视。目前汤加面临的环境挑战主要来自人口增长的压力。汤加本身可供开发的土地相当有限，土地又是汤加经济的基础，随着人口的增加，汤加出现了一系列与之相关的经济和环境问题。陆地上，森林遭到过度砍伐，越来越多的土地被开垦为农耕地或居住地，各种农药制剂使用量加大；海洋中，由于海星吞食和一些珊瑚礁贝壳收集者随意收集，部分珊瑚礁正在遭到破坏；此外过度捕捞也正在威胁当地海龟数量。

在这样的形势下，政府亟待出台可持续发展的计划，尤其应该注重对人口居住模式的改革和对自然资源的保护。汤加政府正在世界银行和其他国际机构的帮助下，积极规划发展可再生能源。汤加已经制定出国家能源路线图框架。该路线图框架提出，要在 2012 年前，将汤加现有能源的一半替换为可再生能源。汤加规划的主要可再生能源方案包括：（1）风能，汤加已对汤加塔布岛和瓦瓦乌群岛的风力数据进行了测量和收集；（2）太阳能，这是汤加规划的重点，日本等国已开始在汤加小规模建设该系统；（3）潮汐能、生物质能和垃圾发电规划；

（4）智能电网、节能灯及其他能源管理方案。汤加开展可再生能源建设的资金包括自筹以及世界银行、亚洲开发银行等国际组织的贷款和外国援助。①

汤加已经签署了多项环境保护方面的国际公约，如生物多样性公约、气候变化框架公约、京都议定书、防治沙漠化公约、海洋法公约、海洋倾倒条约、海洋生物保护公约、保护臭氧层公约、防止船舶污染公约等。全球气候变暖对于像汤加这样的海洋国家是致命威胁。2014 年 11 月，中国国家主席习近平出访太平洋岛国时，已承诺"将在南南合作框架下为岛国应对气候变化提供支持，向岛国提供节能环保物资和可再生能源设备，开展地震海啸预警、海平面监测等合作"。相信在各国政府和民间组织的共同努力下，汤加的生态环境能够朝好的方向发展。

第四节　教育

汤加学校的兴办源于 19 世纪初英国基督教的分支卫斯理教会在汤加传教时期。建立学校是基督教传教的必要活动和重要组成部分，一方面为了使新教徒能够自行阅读《圣经》，通过书信交流加深对教义的理解（这是基督教新教有别于天主教的关键，因此得到基督教会的重视）；另一方面是为了破除当地人的迷信，加强他们对新观念的接受和理解。然而早期开设的很多学校由于传教活动的失败或是领主的干涉没能长久坚持下来，直到纳撒尼尔·特纳和威廉·克洛斯在努库阿洛法开展传教活动，学校才真正发展起来。和之前的学校不同的是，特纳开设的学校重视本土语言的教学。很快，能读会写带来的光环就吸引了很多人前来学习，后来印刷商的到来更是极大地加速了知识的传播。传教士们建立学校和培训机构的举动受到了当地人的极大欢迎，也得到了领主和国王的全力支持。

---

① 中华人民共和国驻汤加王国大使馆经济商务参赞处：《汤加积极进行可再生能源建设规划》，http：//to. mofcom. gov. cn/article/sqfb/201106/20110607595960. shtml。

随着教徒的增加，各个岛屿兴建的学校越来越多，接踵而来的难题是师资严重短缺，许多教师直接从当地牧师中招募而来，并不适合教学工作。在经过若干次教师会议之后，人们发现唯一的解决办法是兴建教师培训学校，提高教师的水平。这一重大决定极大地推动了汤加教育事业的发展。1841 年 7 月 13 日，弗朗西斯·威尔逊（Francis Wilson）牧师在瓦瓦乌群岛的内亚富开办了第一所教师培训学校。在他去世后，1846 年该校迁至首都努库阿洛法，由胜任培训工作的理查德·阿莫斯（Richard Amos）牧师继续领导。

汤加教育发展史中最为瞩目的是图普中学（Tupou College）的建立。1866 年，牧师莫尔顿（J. E. Moulton）博士在汤加建立了图普中学，旨在培养"能够在教会和国家事务中担当重任的精英"。在这所学校，平民和领主受到同等对待，许多平民成为出色的学者和很有影响力的公众领袖，他们的后代也因此接受了良好的教育。这所学校的许多毕业生成为教会首领、王公大臣、医生、律师、公务员、教师、社区头领等，他们对汤加在宗教、社会、经济、政治领域的发展做出了突出贡献，成为汤加新一代精英人物。此外，由莫尔顿博士等人牵线搭桥，图普中学后来和悉尼的卫理公会男校纽因顿学院建立联系，选送了一批学生去纽因顿学院深造，这些人有未来的国王，如乔治·图普四世，或是王子，如法塔费希·图依派拉哈克；有的成为首相，如汤吉·迈乐费希（Tungi Mailefihi）、所罗门·阿塔（Solomone Ata）；有的成为国务大臣，如劳腓力汤加·图依塔（Laufilitonga Tuita）；有的成为各地的总督，如哈派群岛总督雷卢阿·维依哈拉（Leilua Ve'ehala）、瓦瓦乌群岛总督马阿福·图普（Ma'afu Tupou）；有的成为卫理公会重要的牧师，如扫·法乌普拉（Sau Faupula）、特维塔·摩恩（Tēvita Mone）、S. 阿玛纳齐·哈维（S. 'Amanaki Havea）博士、W. 胡卢豪娄·莫文加娄阿（W. Huluholo Mo'ungaloa）博士，还有许多人成为传教士，被派往太平洋其他地区传教。

图普中学是太平洋地区第一所男女合校的学校。莫尔顿博士 1880 年从英国回到汤加后，计划招收女学生进入该学校，遭到了多个部门的强烈反对，认为此创新之举非常危险。莫尔顿博士之所以做出此项决定，是因为他发现学校的毕业生和他们没有受过教育的妻子之间差距太大，于是他不顾反对，决定招收有才华的年轻女子入学。女生被安置在传教士住所附近住宿，她们通过打理传教士的房间学习和积累有关家务责任的经验，缝纫、绘画和音乐则安排在课后学习。后来图普中学在纳福阿鲁（Nafualu）建立了男子分校，于是该学校成为专门的女子中学，更名为萨洛特王后中学，以纪念乔治·图普一世的主妻萨洛特王后，也即萨洛特女王的高曾祖母。萨洛特王后中学的女生们主要接受学业和家务方面的教育。此外，她们在很多国事场合中的舞蹈表演非常出色。

　　1929 年，政府开始每年提供奖学金供学生出国接受教育。1931 年教育委员会开始关注小学教育，当时在大多数村庄，政府小学和教会小学已经并行存在 50 余年。1932 年有人建议将小学教育全部交由教会负责，并提交议会审议，遭到强烈反对。20 世纪 30 年代后期的汤加，无论政府还是教会主办的中学，都将学生送往国外大学继续深造。1944 年，为了加强教师培训，政府建立了专门的教师学院。

　　2015 年汤加教育支出占国民生产总值的 3.9%[1]。公办学校对 6 ~ 14 岁儿童实行免费义务教育。高等教育入学率较低，只有 6%（2014）[2]。汤加国内大约有 20 所大学和学院，22 所中学，95 所初级学校（包括学前班，分布在汤加各个村落中）。汤加小学学制为六年，学校约 90% 由政府创办。汤加法律规定教会可参与办学，中学教育包括四年初中和三年高中，主要是私立学校，约 75% 由教会创办。汤加有两所主要中学，即图普中学（由自由卫斯理教会主办）和汤加中学（即汤加政府学院），两所中学的毕业生在汤加社会的各个方面起着举足轻重的作用，大部分中学毕业生选择去国外接受高等教育。

---

① Coleman, Denise Youngblood（Editor in Chief），*2015 Country Watch Review*：*Tonga*，Houston, Texas：Country Watch, Inc. 2015, p. 117.

② 联合国开发计划署网站：Human Development Index 2014, http：//hdr. undp. org/en/data。

汤加高等教育机构主要有南太平洋大学①汤加分校、汤加高等教育学院（Tonga Institute of Higher Education）、阿特尼斯大学（Atenisi Institute）、海事学院（Maritime Institute）、护理学院（Nursing School）以及图普技术学院（Tupou Technological Institute）等。汤加还设有教师培训、护理和医疗培训等方面的中等职业学校，包括一所护理学校，一所神学院，一所警察培训学校，一所女子商学院，以及几所私立的农学院。②澳大利亚和新西兰等英联邦国家及中国、日本等国向汤加提供留学基金。2014/2015 财年汤加政府的教育预算为 4841 万潘加。③

根据 2014 年联合国开发计划署发布的人类发展指数（HDI），汤加在全球排名第 100 位（HDI 为 0.717），虽然比原来有所下降，但仍介于较高和中等发展国家之间。

第五节　艺术

一　音乐

汤加人喜爱音乐，也特别具有音乐才华。汤加的音乐活动通常以教堂为中心，有很多人参加唱诗班。尽管来自美国的街舞、说唱音乐以及节奏布鲁斯（R&B）越来越多地进入汤加，并且受到年轻人的喜爱，但传统音乐和音乐家仍然受到汤加人的喜爱。当地电视台每周都会播放半小时音乐视频，多是由一些年轻有为的歌坛新星和有创新精神的合唱乐

① 南太平洋大学成立于 1968 年，是全球仅有的两所区域性大学之一。该大学由 12 个成员共同所有。成员包括：库克群岛、斐济、基里巴斯、马绍尔群岛、瑙鲁、纽阿斯群岛、所罗门群岛、托克劳（新）、汤加、图瓦卢、瓦努阿图和萨摩亚。南太平洋大学在多个太平洋国家共设有 14 个分校，主校区位于斐济境内。
② "People", Background Notes On Countries Of The World：Tonga (2010)：4. Business Source Premier. http：//search. ebscohost. com/login. aspx？ direct = true&db = buh&AN = 63980148&lang = zh-cn&site = bsi-live.
③ 中华人民共和国外交部：《汤加国家概况》，http：//www. fmprc. gov. cn/mfa_ chn/gjhdq_ 603914/gj_ 603916/dyz_ 608952/1206_ 609502/1206x0_ 609504/。

队制作。

　　汤加人能歌善舞，人称"天生的音乐家"，凡到过汤加的游客都会有同感。对于许多来汤加旅游的人来说，观看汤加人表演优雅的舞蹈是最为难忘的经历。美丽的自然景色似乎赋予了汤加人超常的感受和领会的能力，美妙的和声演唱恰似天籁之音，婉转动听的音符，让人仿佛置身白色的沙滩、浩瀚的大海和绿树成荫的椰林。汤加舞蹈多伴有复杂的手臂动作，形成汤加独特的舞蹈风格。汤加舞蹈要求观众的参与，向舞者赠送礼品是表达谢意的传统方式。在过去，礼物可以是塔帕或草席，但是在当代社会，直接给钱币更为常见。客人通常要把钱币贴在涂满橄榄油的舞者身上，以表示对其高超舞技的欣赏。汤加传统舞蹈包括多种，男性跳的舞蹈多雄浑有力，女性跳的舞蹈则舒缓柔和。最常见的是拉卡拉卡舞（Lakalaka），在汤加全国都很常见。拉卡拉卡舞一般讲述汤加历史故事或是传说，表演者有男有女，人数众多，有时甚至能达到几百人。舞者的脚部和手臂动作复杂多变，身上的装饰包括漂亮的手镯、戴在脖子上的花环以及一种叫作泰奇泰奇（tekiteki）的羽毛头饰。头戴泰奇泰奇可以让舞者的头部动作更为突出，是拉卡拉卡舞最重要的特点之一。拉卡拉卡舞得到了联合国的认可，被认为是"口头和非物质文化遗产的大作"（"Masterpiece of the Oral and Intangible Heritage of Humanity"）。

二　手工艺品

　　汤加传统的手工艺品包括骨雕、篮子以及精美编织品，所用工艺都由汤加手工艺人代代相传下来。其中最为有名的当地手工艺品是塔帕（tapa）。塔帕是一种用桑树（当地称作 hiapo）树皮做成的布料，上面染有传统符号和花纹，多用于装饰，极具文化价值，在汤加当地是非常重要的传统礼品，汤加人一生会收到若干塔帕。塔帕至今仍然是纯手工制作，在汤加到处都能听到为制作塔帕用木槌捶打树皮的声音。这可以说是人们最为熟悉的声音了。从清晨到日落，妇女们聚集在自己家里或是在村里专门制作塔帕的房子（fale kautaha）里，互相帮助制作塔帕。每一块塔帕都与众不同，是非常难得的纪念品。①

和制作塔帕一样，编草席（mat）也是汤加人日常生活的一部分，草席常用露兜树的干树叶编织而成。妇女们聚在一起，一边编草席一边唱歌或交谈，气氛融洽热烈。草席是家家户户最为珍贵的财产。在人们出生、婚礼、葬礼以及其他特殊场合，草席都是传统的馈赠佳品。汤加人也把草席围在腰上，称作塔奥瓦拉，在汤加这是最为正式的服饰。据说该习俗来源于古时候，男人们从大海远航归来面见领主前，会将独木舟上的草席船帆割下来，围在裸露的身体上，以示尊重。精美的塔奥瓦拉尤其珍贵，会代代相传，有的能够留存几百年，而且越旧越凸显珍贵。据说萨洛特女王在其登基典礼上以及伊丽莎白女王来访时，身穿的塔奥瓦拉有六百年之久。

汤加人非常擅长做篮子，有的篮子用棕榈叶编成，有的篮子是用椰子纤维做的，做工精巧，用来装饰或展览，样式不一，在岛上的造访者看来"极其精美整洁，上面有白色的串珠装饰，有时还会有些红羽毛陪衬"。

汤加人非常懂得就地取材，岛上树木茂盛，韧性十足的树叶、树皮被当地人做成厚薄不一的衣服、床单、桌布甚至地毯等日用品。

树皮甚至还被当地人用作造房子的主要原材料。树叶和树皮经过加工后，用来充当墙体和房顶，再用结实的树枝一支撑，一座简易小屋就完成了。据介绍，这种房子一般没有门窗，只保留一个洞作为入口。由于很轻，人们可以轻而易举地抬起来，因此人走到哪里，房子就可以搬到哪里。汤加一年四季温暖湿润。即使在天气最冷的时候，气温也可达20℃以上，因此这种独特的房子只需用来防雨，而不需考虑防寒。②

① The True South Pacific: Kingdom of Tonga, http：//www.thekingdomoftonga.com/the-kingdom-today/.

② 《蜗居随身带，汤加人用树叶做房子》，《环球时报》，http：//www.crntt.com/crn-webapp/doc/docDetailCreate.jsp? coluid = 6&kindid = 29&docid = 100217259&mdate = 0911123624。

三　邮　票

汤加邮票可以说享誉世界。这里的邮票色彩和内容丰富，人物、动物、植物、生肖，涵盖广泛，而最具收藏价值的是汤加的异形邮票，除基本的方形邮票外，还有圆形、椭圆形以及各种水果形状。汤加于 1886 年开始发行邮票。1963 年，该国突破国际惯例，发行了一套 6 枚的圆形纪念邮票，这也是世界邮政史上最早的异形邮票。

1964 年，南太平洋妇女大会在汤加举行，该国又发行了鸡形、鳄鱼形的纪念邮票 4 枚。此后，汤加邮票更是五花八门、千奇百怪，几乎什么形状都有：三角形、十字形、水果形、动物形、房屋形、地图形等，甚至还有体育运动和名人剪影。可以毫不夸张地说，世界上有什么事物，汤加就敢印什么形状的邮票。①

汤加人的聪明还在于，标新立异的邮票不仅提高了汤加的名气，还为他们赚取了不菲的经济收入。这小小的邮票已成为游客馈赠亲友的佳品。标新立异的邮票，深得集邮爱好者的喜爱，不仅形状特别，而且在用材上也十分讲究。除了纸质外，汤加人还别出心裁地选用金属做原料，无形中提高了邮票的收藏价值。比如，汤加曾发行过一套形状如心形和汤加塔布群岛的邮票，选用金属箔片精心压制而成，被集邮爱好者称为"心脏和长筒靴"邮票。更让人叫绝的是，这套珍贵的邮票，汤加仅仅发行了 10 枚，这就更吸引了众多集邮爱好者和收藏家的眼球。但汤加邮政部门宣布，限量发售其中的 6 枚，使得该邮票价格一路飙升，最后一枚邮票竟标价 15 万美元，但还是很快被抢购。汤加人见时机已经成熟，又将剩余的 4 枚邮票中的 3 枚，以每枚高达 20 万美元的价格出售。

汤加邮票与众不同的另一个特色是，他们在每张邮票的背面都印有极富爱国特色的语言。比如，有一枚邮票背面印着："汤加——时间开始的

① 中邮网：《汤加王国——异形邮票的天堂》，http：//www.e1988.com/news/article.asp?id = 72096。

地方。"类似的话语还有很多，足以说明汤加人民的聪明和爱国品质，也让世界人民更好地了解了汤加。一枚枚小小的邮票，让一个毫无资源优势的小国，一举成为名扬全球的"邮票王国"。[①]

第六节　新闻媒体

汤加国内现在共有 10 种报纸，多数用汤加文出版。[②] 主要报纸有 4 种，每周出版一次，分别是：《汤加时报》（*Taimi 'o Tonga*）、《宣告报》（*Talaki*）、《螺号报》（*Kele'a*）和《汤加日报》（*Tonga Daily News*）。主要期刊有《汤加风》（*Matangi Tonga*，目前也是汤加最大的网络在线期刊）、旅游指南《休闲》和不定期出版的杂志《汤加妇女》，此外还有部分宗教报纸和杂志。

全国共有 5 家广播电台和 3 家电视台，主要以汤加语播出，也播放少量英语新闻、体育比赛与影视剧等节目。中国中央电视台英语新闻频道和英国 BBC 节目在汤加可以免费收看。[③]

从 20 世纪 80 年代以来，汤加的一些海外和国内有识之士开始关注国计民生，纷纷创办媒体或借助媒体对汤加政府不负责任的行为进行曝光和批评报道，一度遭到王室和政府的强烈抵制，媒体由此一度遭到压制。其中最为著名的是《汤加时报》，曾与政府进行持久的对抗。《汤加时报》创办人卡拉菲·莫阿拉（Kalafi Moala）经常批评汤加政府。1996 年，该报主编莫阿拉、菲娄卡拉菲·阿卡乌奥拉（Filokalafi' Akau'ola）和平民议员阿基利西·波希瓦（现任汤加首相），因为对时任司法大臣进行曝光而被关进了监狱。

2003 年，政府修正了宪法的第七条，给予政府禁止或限制某些媒体

---

① 《汤加：世界上最有名的"邮票王国"》，http：//blog. sina. com. cn/s/blog_ 683fcd9e0 100k5id. html。

② 王东华等：《汤加王国简介与投资指南》（未出版，2013 年汤加前大使赠书）。

③ 中华人民共和国外交部：《汤加国家概况》，http：//www. fmprc. gov. cn/mfa_ chn/gjhdq _ 603914/gj_ 603916/dyz_ 608952/1206_ 609502/1206x0_ 609504/。

的权力。然而这条修正案随后被最高法院以违宪为由废除了。曾受到最严重打击的出版物，如《汤加时报》和《汤加风》，重新回到了汤加人视野。《汤加风》的出版人派西·佛努阿（Pesi Fonua）因为支持言论自由和舆论界，在 2005 年获得了太平洋岛屿协会颁发的"新闻媒体自由奖"。此前，《汤加时报》的创始人卡拉菲·莫阿拉也曾获得过此奖项。卡娄尼卡里（Kalonikali）和汤加广播委员会（电视和广播站）由政府所有和运营，自我审查严格，一向非常保守。

第六章

军事与外交

汤加地处浩瀚海洋中，靠着天然的屏障，许多世纪都处于自给自足、封闭保守的状态，得到大自然丰厚的馈赠。汤加人过着无忧无虑、丰衣足食的生活，极少与外界发生战争冲突，也极少受到外界的军事威胁。直到近代，在国际环境影响下，汤加才组建了真正意义上的现代军队，开始拥有自己的军事力量，但受国内财力影响，数量极为有限。外交方面，汤加虽然在很久以前就和周围的萨摩亚、斐济等有些许商贸等往来，但是和其他国家开展正式交往则是在19世纪以后。在当时的西方帝国殖民大潮下，主要是出于防御和自我保护的目的，汤加开始与其他国家交往，许多外交协议都是因形势所迫而签订的。在20世纪末全球化大潮下，汤加的外交动机发生了变化，更多的是出于自我发展的需要，汤加主动与众多国家建立了外交关系。

第一节　军事

汤加拥有自己的军事力量，原名"汤加国防军"（Tonga Defense Service，TDS），2013年9月改称"国王陛下武装部队"（His Majesty's Armed Forces，HMAF），由陆军、海军和皇家卫队组成，共600多名官兵。国王为部队最高统帅。在2014年大选前，前首相图依瓦卡诺兼任国防大臣，总参谋长（原称"国防军总司令"）为塔乌埃卡·乌塔阿图准将（Brigadier Tau'aika Uta'atu，现为汤加驻中国大使）。2014年大选后，贵族议员、土地大臣马阿富兼任国防大臣，总参谋长为汤加波乌里·阿里阿莫图阿上校（Colonel Tongapo'uli Aleamotu'a）。2014/2015财年，国防预算为800.9万潘加，约占当年财政预算总额的2.65%。除国防军之外，另设警察部，有警察340余人。①汤加犯罪率极低，但是小偷小摸比较常见。

一 军事史

汤加最早的现代军事行动是在第一次世界大战期间，当时汤加派遣了一些士兵加入新西兰远征军（New Zealand Expeditionary Force）。1939年二战初期，汤加成立了正式部队"汤加国防军"。1943年新西兰曾对汤加2000人左右的军团提供军事培训，该军团参加了所罗门群岛战役。当时，新西兰和美国均有军队驻扎在汤加塔布岛，后来驻扎点成为轮船运输的中转站。二战结束后，汤加国防军被遣散，后于1946年重建。

汤加前首相乌卢卡拉拉王子，即当今汤加国王图普六世，曾于1982年加入过汤加国防军的海军部队，并于1987年成为国防军的少校。1990~1995年间他指挥过太平洋巡逻艇②，其间曾负责指挥汤加部队在布干维尔岛（巴布亚新几内亚东部）的维和行动。

2002年，汤加国防军派遣部分军队参加多国维和部队在所罗门群岛的行动。2004年7月又派去了一支由45名国防军组成的小分队，2005年7月汤加派去了第三支由33名国防军组成的小分队，在所罗门群岛执行任务四个月。

2004~2008年，汤加先后共派遣过4支小分队前往伊拉克，对美国进行了每期大约6个月的军事援助。2003年3月，汤加和美国开展军事对话，商讨汤加向伊拉克派遣多国部队。历经一年后，2004年5月汤加做出最终决定。同年6月13日，45名汤加海军士兵在国防军

---

① 中华人民共和国驻汤加大使馆：《汤加介绍》，http：//to. chineseembassy. org/chn/tjjs/。
② 太平洋巡逻艇系列总共包括22艘，均由澳大利亚建造并赠予12个南太平洋国家。1985~1997年间陆续建成，用于12个岛国的海岸护卫或警备力量，主要用于海上监管和渔业保护。https：//en. wikipedia. org/wiki/Pacific - class_ patrol_ boat.

总司令塔乌埃卡·乌塔阿图上校的带领下前往伊拉克。从 2004 年 7 月起，汤加海军陆续增补伊拉克安巴省的第一海军远征军（the 1st Marine Expeditionary Forces，MEF），包括支援第一海军远征军在蓝宝石营的安全和维和任务。汤加与 MEF 的合作由来已久，第一次合作是在二战期间，当时汤加参与了美国在所罗门群岛的行动。

2006 年，汤加国防军配合警察处理国内的努库阿洛法骚乱。2008 年 12 月，汤加国防军结束了在伊拉克的任务，返程回国。2010 年，汤加军队开始接受英国海军军团的训练，为阿富汗行动做准备。2011 年 2 月，第一支部队被派往阿富汗。汤加军队人数大约有 450 人，其中一半被派往阿富汗，用于补充国际治安支援部队（International Security Assistance Force，ISAF）中的英国军队力量。他们驻扎在英军在阿富汗的主要军事基地堡垒营（Camp Bastion）和海军陆战队营（Camp Leatherneck）。2014 年 4 月，汤加海军结束了其在阿富汗的"永久自由行动"支援。

二　军队任务、组织机构和装备

HMAF 的主要和首要任务是"保卫汤加王国主权"。鉴于汤加目前没有受到任何国家的直接威胁，国防军的任务还包括协助维持公众秩序、在沿海水域和钓鱼区巡逻、参与民事诉讼和国家发展项目等。

HMAF 采取集中制管理，由三个主要部门和两个辅助部门组成（后勤和培训）。三个主要部门包括正规军（the Regular Force）、本土军（the Territorial Force）、预备军（the Active Reserve），其中正规军包括陆军、国王陛下专属武装部队和海军。HMAF 的主要组织机构包括 HMAF 总部、联合军总部、本土军、陆军部（下设汤加海军陆战队）、汤加皇家卫队、海军部、空军部、训练指挥部和后勤部门。

汤加国防军由总部军团和一支轻装步兵队组成，还包括负责海防的海军。海军只有四条小巡逻船和一架水陆两用飞机。国防军各分支基地主要位于汤加首都努库阿洛法。国民服兵役年龄为 18 岁。

汤加军队兵器装备包括以色列产加利尔突击步枪（Israel IMI Galil）、以色列乌兹冲锋枪（Israel Uzi）、美国 M4 卡宾枪（United States M4 Carbine）、比利时 FNC 突击步枪（Belgium FN FNC）、英国李－恩菲尔德步枪（United Kingdom Lee-Enfield）、美国 M2 勃朗宁机枪（United States M2 Browning Machine Gun）和美国柯尔特 M203 榴弹发射器（United States ColtM203）等。

三　军队改革与国际合作

汤加军队中第一位准将于 2006 年 7 月 28 日产生，为时任汤加国防军总司令（后更名为总参谋长）的塔乌埃卡·乌塔阿图上校，这是汤加有史以来第一次设置准将军衔，与此同时相应扩充了军队，进一步的改革还包括首次允许征召女性军官入伍。西亚梅利耶·拉图中校评论说，汤加国防军总司令军衔提升、军队扩充以及招收女性军官这三件事开启了汤加军队发展的新纪元。汤加提高国防军总司令的军衔有助于其参与国际事务，能够提高会谈级别。

HMAF 与多国签有安全合作协议，包括澳大利亚、美国、中国、英国、印度和新西兰。安全合作旨在通过培训提高汤加官兵在领导力、学术和贸易方面的能力，此外国外合作方还对汤加的基础设施建设提供帮助。较长时间以来，汤加一直接受澳大利亚、新西兰和美国的国防援助。澳大利亚和新西兰的主要援助是在国防军派驻了一支军事技师小分队。美国曾为汤加国防军提供过培训，并进行过民事工程项目的人道援助。[①]

近些年来，HMAF 对伊拉克自由行动、阿富汗的国际安全协助以及所罗门群岛的区域协助任务提供联盟帮助。

第二节　外交简史与基本外交政策

一　外交简史

二战后，第三世界国家掀起争取独立、摆脱殖民束缚的热潮。汤加于

---

① "Defense." Background Notes On Countries Of The World：Tonga（2010）：10. Business Source Premier.

1970 年脱离英国保护，获得完全独立，但仍为英联邦成员。20 世纪末期开始，汤加奉行友好外交的政策，逐渐和世界上的许多国家建立了外交关系，和周围的太平洋国家更是关系紧密，是"太平洋岛国论坛"（the Pacific Islands Forum）的成员。1998 年，汤加结束了与台湾 26 年的"外交关系"，和中华人民共和国建交，得到了联合国安理会的一致支持。1999 年安理会推荐汤加加入了联合国。2000 年 9 月，汤加被联合国大会正式接纳为联合国第 188 个成员国。

截至 2016 年，汤加已与 60 多个国家建立了外交关系，澳大利亚、新西兰在汤加设有高专署，中国、日本在汤加设有使馆，韩国、荷兰、德国、瑞典、法国在汤加设有名誉领事。汤加在中国设有大使馆；在澳大利亚设高专署；在英国设高专署并兼管比利时、卢森堡、丹麦、荷兰、瑞士、法国、德国、意大利、俄罗斯、欧盟事务，重点关注欧盟与其在非洲、加勒比海以及太平洋地区（简称非加太地区，ACP）前附属领地的贸易和援助会谈；在美国纽约设常驻联合国代表团并兼管美国、加拿大、古巴、墨西哥等国事务；在旧金山和奥克兰设总领馆；在美国夏威夷设有名誉领事办事处。[1]

汤加和周围太平洋国家保持着密切联系，是以下组织的正式成员：太平洋岛国论坛、南太平洋应用地球学委员会（the South Pacific Applied Geoscience Commission）、南太平洋旅游组织（the South Pacific Tourism Organisation）、太平洋区域环境项目（the Pacific Regional Environment Programme）、太平洋共同体秘书处（the Secretariat of the Pacific Community）。汤加 1995 年签署了《拉罗汤加协议》（the Treaty of Rarotonga），也称《南太平洋无核区协议》（the South Pacific Nuclear Free Zone Treaty）。[2] 1999 年 11 月，汤加和 7 个太平洋岛国在德国波恩举行会议，讲述了气候变化给本国带来的危害，批评全球在减少温室气体排放和

[1]　中华人民共和国外交部：《汤加国家概况》，http：//www.fmprc.gov.cn/mfa_chn/gjhdq_603914/gj_603916/dyz_608952/1206_609502/。

[2]　维基百科：《汤加外交关系》，https://en.wikipedia.org/wiki/Foreign_relations_of_Tonga。

帮助弱小国家应对气候变化方面缺乏行动，并呼吁在问题恶化之前采取措施应对全球变暖。

2001 年 12 月，汤加政府先后批准加入了《太平洋紧密经济关系协定》（Pacific Agreement on Closer Economic Relations，PACER）和《太平洋岛国贸易协定》（Pacific Island Countries Trade Agreement，PICTA）。这些协定旨在建立自由贸易，加强经济合作。在 14 个太平洋国家中，汤加是第四个加入这些协定的国家，根据 PACER，澳大利亚和新西兰为汤加贸易提供援助。

2011 年 11 月，汤加与其他七个国家成立了"波利尼西亚领导人集团"（Polynesian Leaders Group），该组织旨在就共同关心的问题达成合作，包括文化、语言、教育、应对气候变化以及贸易和投资。①

作为太平洋区域的重要岛国，汤加举办过多次区域会议。2007 年 10 月，汤加主办第 38 届太平洋岛国论坛首脑会议、第 19 届论坛会后对话会以及第 17 届南太旅游组织部长理事会会议。2011 年 4 月，汤加主办联合国粮农组织西南太平洋地区农业部长会议。2011 年 4 月，汤加举办发展伙伴论坛，争取援助方增加对汤援助。同年 5 月，汤加主办太平洋岛国论坛贸易部长会议；同月，汤加召开能源路线图计划年度审议会，呼吁各发展伙伴积极支持汤加增加可再生能源的使用，降低对石油能源的依赖。2013 年 3 月，汤加举办太平洋岛国领导人能源问题峰会，探讨本地区各国新能源发展规划和利用。2013 年 5 月，汤加举办南太平洋防长会议。

除了积极参与区域事务外，汤加为积极融入国际社会，还加入了许多国际组织。汤加是联合国、国际民航组织、亚洲开发银行、世界银行、国际货币基金组织、世界贸易组织等多个组织和机构的成员。汤加关心地区安全与稳定，支持美澳新军事联盟和美在太平洋地区发挥主导作用；积极参加地区合作，主张建立南太平洋无核区。2007 年

---

① 新西兰国际电台，http：//www.radionz.co.nz/international/pacific - news/200981/new - polynesian - leaders - group - formed - in - samoa。

7月，汤加加入世界贸易组织。2014年7月，汤加当选国际海底管理局理事会成员，成为继斐济之后第二个当选理事会成员的小岛屿发展中国家。

二 基本外交政策

从图普四世以来，汤加就奉行"宽容"和"不结盟"的外交政策。和其他太平洋国家最大的区别是，汤加从未成为任何国家的殖民地，也就没有宗主国给予财政援助，因此汤加必须尽其所能获取四面八方的资源。从图普四世以来，汤加国王和许多国家的政府及私人团体举行过会谈，包括美国、新西兰、日本、澳大利亚、印度、德国、沙特阿拉伯、俄罗斯、法国、瑞典、利比亚、英国以及中国。其中一些会谈，尤其是与日本和德国的会谈已经使双方在商业、投资、资金或设备援助等方面建立了长期关系。也有一些会谈给汤加带来了问题、造成了损失。其他的会谈则对援助提出了条件，甚至有的使汤加陷入危险境地。苏联曾经向汤加示好，当时引起了新西兰、澳大利亚、英国和美国的关注，尽管当时像是在玩一个危险的政治游戏，汤加国王最终还是在没有进行任何政治结盟的情况下，成功地为许多项目争取到了资金。

第三节 与英国、澳大利亚和新西兰的关系

一 与英国的关系

汤加同英国保持着传统的外交关系。汤英两国曾互设高级专员署（简称高专署）。英国曾在汤加设高专署近百年，但因调整驻外机构于2006年4月1日正式关闭，同时英国还撤销了在太平洋其他几个小岛国的驻地机构，把外事中心集中到了斐济。此后由英国驻新西兰高专署代管对汤加事务。英国在汤加的驻地机构，历史久远，是汤加多年发展的见证者。

汤加和英国的关系比任何其他国家都更为久远。虽然汤加最早在

1855 年与法国、1876 年与德国签订了友好协议，但是对汤加最早产生深远影响的无疑是英国。最早来汤加探险的欧洲人是英国的詹姆斯·库克船长，最早来汤加传教的是 19 世纪初来自英国的卫斯理教会传教士。英国人在汤加的传教几经波折后终于成功，在汤加第一位信奉基督教的国王乔治·图普一世的影响下，汤加成为统一的基督教国家。随后，法国的玛利亚会成员也在汤加建立了罗马天主教会，然而远远不如英国卫斯理教会在汤加的影响巨大。通过英国传教士和英国政府派驻的高官，汤加随后受到了英国很多方面的影响，尤以建立君主立宪制政权为最。英国对汤加也不失时机地进行控制。19 世纪中叶，在新西兰的英国人想要将汤加变成殖民地，置于其完全掌控之下，但是在国王图普一世的一系列努力之下，汤加努力保持了独立自主的地位。1879～1881 年，包括英国、法国、德国、美国在内的西方列强纷纷与汤加签订了条约，承认汤加的独立地位。即使在 1900 年、1905 年与英国缔结协议成为英国的保护国之后，汤加仍然保有自己独立的国际地位。英国方面也一度非常重视汤加在太平洋地区的战略地位，比如在 1899 年，不惜和德国签约承诺放弃在萨摩亚的权力，作为交换，让德国终止了和汤加的贸易合作。英国成为唯一对汤加继续施加影响的国家，并于 1900 年与汤加签订友好和保护条约，正式成为汤加的保护国。该条约在 1905 年、1928 年、1952 年和 1958 年陆续修订。1970 年，英国停止对汤保护国关系，但是汤加仍然是英联邦成员国。

由于历史上长期的密切关系，汤加与英国的外事交流比较频繁。英国女王曾于 20 世纪 3 次访问汤加。2008 年 1 月，汤加国王图普五世访英。2010 年 3 月，英国安妮公主访问汤加，参加 2010 年太平洋地区未来领导人对话会。同年 10 月，汤加国防军总司令乌塔阿图访英期间与"国际安全援助部队"（ISAF）签署谅解备忘录，确认汤加在未来两年向阿富汗派遣 55 名军人，协助英军的反恐维和任务。2011 年 4 月，汤加国王图普五世赴英出席威廉王子婚礼。2012 年 3 月，英国格洛斯特公爵理查德亲王赴汤加出席图普五世国王葬礼。5 月，汤加国王图普六世夫妇赴英国出席英女王伊丽莎白二世登基 60 周年庆典。2013 年 10 月，图普六世国王夫妇访问英国。

二 与澳大利亚的关系

汤加与澳大利亚于 1970 年建交，两国关系密切。2009 年 6 月，澳大利亚外长史密斯出访汤加。2011 年 3 月，澳大利亚负责太平洋岛国事务的议会秘书马尔斯访问汤加。同年 6 月，澳大利亚参议长霍格赴汤加出席汤加议会开幕式。2012 年 3 月，澳大利亚总督布赖斯赴汤加出席图普五世国王的葬礼。现任汤加驻澳大利亚高级专员是图普六世的女儿安格里卡·拉图福伊皮卡公主。

澳大利亚是汤加的重要贸易伙伴。2013 年汤加与澳大利亚的双边贸易总额为 0.232 亿潘加（约合 0.123 亿美元），其中汤加进口总额为 0.199 亿潘加（约合 1052 万美元），出口总额为 0.033 亿潘加（约合 175 万美元），贸易逆差 0.166 亿潘加（约合 878 万美元）。汤加统计部数据显示，2014 年汤加和澳大利亚双边贸易总额为 846 万美元，其中汤加进口额为 748 万美元，出口额为 98 万美元。2014 年汤加从澳大利亚进口的主要商品有：肉类 115.5 万美元，飞机和航天器及其零部件 84.4 万美元，杀虫剂、除草剂和消毒剂 40.3 万美元，内燃活塞式发动机 36 万美元。出口澳大利亚的产品主要有水果和坚果类 28.7 万美元，鱼类 27.2 万美元，蔬菜 24.1 万美元，香料 8.2 万美元。

澳大利亚还是汤加的主要援助来源国，1976 年开始向汤提供援助。澳在经济改革、私人企业发展以及健康方面向汤加提供长期支持和援助。澳大利亚认为，一个稳定繁荣的汤加能够为澳大利亚带来长久利益，其援助重点在于使汤加保持经济稳定、私人企业发展、卫生服务和技能有所提高。

澳大利亚对汤加援助的重点包括以下三个方面。

（1）通过经济和公共事务改革、投资基础设施建设以及私人企业发展，使汤加经济保持稳定和发展。

（2）遏制非传染性疾病，改善卫生服务条件。

（3）改善基础教育和职业教育、增加培训机会以及提高奖学金，从而提高汤加科学技术水平。

根据澳大利亚政府外事及贸易部信息，2015/2016 财年澳大利亚对汤加的官方发展援助（Official Development Assistance，ODA）涵盖 7 个领域。其中，政府有效管理、基础设施建设和贸易、教育和健康所占比例较高，分别为 27%、24%、20% 和 17%。2015 年澳大利亚政府为汤加学生提供了 65 个澳大利亚奖学金名额。[1]

三　与新西兰的关系

汤加与新西兰在 1970 年建交，两国关系密切。新西兰也是汤加主要的援助来源国，1976 年开始向汤提供援助，之后逐年增加。新西兰是汤加最大的贸易伙伴和进口市场。2003 年 7 月，新西兰总督出席汤加国王的生日庆典。2006 年汤加首都发生骚乱，新西兰与澳大利亚一起派军队协助汤加维持治安、平息骚乱。2007 年 4 月，汤加参加新西兰季节工计划。2009 年 5 月，汤加首相塞维勒访新，汤加在新西兰设有高专署。2009 年 7 月，新总理约翰·基访问汤加。2009 年 7 月、2010 年 7 月、2011 年 5 月和 7 月、2013 年 3 月，新西兰外长麦卡利多次访问汤加。2011 年 7 月，汤加国王图普五世访问新西兰。2012 年 3 月，新西兰总督迈特帕里、副总理英格利希和毛利王图黑提亚赴汤加出席图普五世国王的葬礼。2013 年 2 月，图普六世夫妇对新西兰进行国事访问。2014 年 6 月，新西兰总理约翰·基访问汤加。

第四节　与美国的关系

汤加同美国关系比较密切友好，近年来两国关系进一步加强。目前，汤加共有约 4 万名侨民旅居美国，80% 的侨汇来自美国。美国现任驻汤加大使朱迪思·贝丝·凯富金（Judith Beth Cefkin）女士 2014 年底上任，同时也是美国处理对斐济、基里巴斯和图瓦卢事务的大使，现驻斐济。汤加

---

[1] Department of Foreign Affairs and Trade of Australian Government，Australian Aid to Tonga，http：//dfat. gov. au/about－us/publications/Documents/aid－fact－sheet－tonga. pdf.

在美国纽约设常驻联合国代表团，并兼管对美国、加拿大、古巴、墨西哥等国事务；在旧金山设总领馆；在美国夏威夷设有名誉领事办事处。汤加与美国同属一些国际组织，包括联合国、国际货币基金组织、世界银行、亚洲开发银行、国际原子能机构以及世界贸易组织等。

汤加对美国在二战时期帮助汤加抵御日本入侵一直心存感激，因此双方的军事合作和援助较多。汤加国防军每年与美军举行小型联合军事演习。1967 年以来，美国向汤加先后共派出 1000 名和平队员。1999 年、2000 年和 2001 年美国先后有 3 艘巡逻舰和 1 艘核潜艇访问汤加。2002 年7 月，美国战斗机访问汤加。2003 年，汤加政府积极支持美国在伊拉克的军事行动，并应邀派兵参加对伊拉克的维和行动。2004 ~ 2008 年间，汤加向伊拉克派遣了四支小分队，每期 6 个月。2008 年 1 月，汤加首相塞维勒访问美军夏威夷基地。同月，汤加派遣 55 名官兵赴伊拉克参与维和。2 月，美国 1 艘护卫舰访问汤加。2010 年，汤加向阿富汗首次派遣 55 名官兵，支持英国军队在美国主导的国际安全援助部队中的行动。2010 ~2014 年间，汤加累计派遣了 330 名士兵支援在阿富汗的英国军队维和行动。汤加国王陛下武装部队于 2014 年 4 月完成了从阿富汗撤军。美国对汤加参与阿富汗行动表示感激。美国对汤加的援助包括军事支持、奖学金援助及提供和平志愿人员等。汤加接受了美国 "对外军事援助"（FMF）项目的支持，为在伊拉克和阿富汗的汤加士兵提供装备。汤加还接受了美国 "国际军事教育和训练"（IMET）项目的援助，用于资助汤加武装部队的军官和高层人士前往美国接受军事教育和领导力培养方面的课程。IMET 还给汤加武装部队提供了工程技巧培训，以提高其在汤加及周围地区应对自然灾害的能力。①

近年来，美汤双方高层互访有增无减。2010 年 11 月，美参谋长联席会议主席马伦访问汤加。2011 年 6 月，美国助理国务卿坎贝尔访问汤加。2012 年 6 月至 8 月，汤加首次派兵参加美国主导的环太平洋联合军演。

---

① "U. S. Relations With Tonga". U. S. Department of State: Bureau of East Asian and Pacific Affairs Fact Sheet. August 29, 2014. http: //www. state. gov/r/pa/ei/bgn/16092. html.

2012 年 8 月，美国助理国务卿坎贝尔再次访问汤加。2013 年 5 月，美国
海军部长雷·马布斯访问汤加。同年 6 月，美国主导的"2013 年太平洋
伙伴"行动在汤加举行，美国"珍珠港号"军舰访问汤加。2014 年 4 月，
美军太平洋司令部司令洛克利尔访问汤加，会见汤加首相图依瓦卡诺，并
与汤方就美内华达州与汤加建立伙伴关系达成协议。汤加和美国内华达州
国民警卫队合作，成为第一个和美国开展国家合作伙伴项目的南太平洋国
家。2014 年 7 月底，由美国主导的"太平洋天使"行动在汤加的瓦瓦乌
群岛和哈派群岛举行，美军与汤加武装部队及当地医生合作，为当地民众
提供医疗服务，并完成一系列工程项目。2013 年 8 月至 2014 年 2 月，美
国部署了"海蜂"海军工程兵部队（NCF）赴汤加帮助当地民众搭建救
灾住所。汤加签约参加了美国的船只驾驶安全伙伴项目，允许一名汤加海
军军官驾驶美国海岸警卫船，汤加借此平均每年在此项目下参加一次相关
行动。

此外，美国也是汤加的重要援助来源国。1990 年，美国和汤加签订
协议，美向汤提供 290 万潘加，用于发展小型渔业项目。美国维和志愿者
组织（Peace Corps Volunteers）向汤加提供技术培训和援助，2011 年向汤
加提供了 63.5 万美元的安全援助资金，2013 年为 71 万美元。[①]

美国对汤常年保持贸易顺差，每年双边贸易额大约为 2000 万美元。
2014 年汤美贸易情况见表 6 - 1。

表 6 - 1 2014 年汤加与美国贸易情况

月份	出口	进口	平衡
2014 年 1 月	0.8	0.2	0.6
2014 年 2 月	1.6	0.1	1.5
2014 年 3 月	1.3	0.1	1.2
2014 年 4 月	1.7	0.1	1.6
2014 年 5 月	1.7	0.1	1.6

---

① "U. S. Relations With Tonga". U. S. Department of State: Bureau of East Asian and Pacific
Affairs Fact Sheet. August 29, 2014. http://www. state. gov/r/pa/ei/bgn/16092. html.

月份	出口	进口	平衡
2014 年 6 月	1.9	0.1	1.8
2014 年 7 月	1.8	0.1	1.6
2014 年 8 月	1.8	0.1	1.7
2014 年 9 月	2.0	1.2	0.8
2014 年 10 月	3.1	0.2	2.9
2014 年 11 月	1.8	0.2	1.6
2014 年 12 月	0.6	0.1	0.5
2014 年总计	20.2	2.7	17.5

注：所有数据单位为百万美元，非特别注明，不再随季调整。由于凑整，各项总和不完全等同于总计。

资料来源：United States Census Bureau. Trade in Goods with Tonga, http：//www. census. gov/foreign – trade/balance/c6864. html.

汤加经济特点是非货币贸易比重较大，严重依赖大量国外汇款收入。汤加有一半以上人口住在国外，主要在澳大利亚、新西兰和美国。尤其在美国的汤加人数量众多，主要聚居在犹他州、加利福尼亚州以及夏威夷等地。

第五节　与日本、法国和欧盟的关系

一　与日本的关系

汤加同日本于 1970 年建交，日本在汤加设有大使馆。据日本外务省①称，日本和汤加双边关系非常亲密。日本是汤加重要贸易伙伴和援助来源国，是汤加南瓜、金枪鱼和芋头的主要出口市场，这些产品出口占汤加对日本出口总量的 70%。2013 年在汤加居住的日本人有 63 人。2013 年汤加对日本出口总额为 1.7 亿日元，主要出口产品为南瓜和金枪鱼，从日本

———————

① Ministry of Foreign Affairs of Japan. Japan-Tonga Relations. http：//www. mofa. go. jp/region/asia – paci/tonga/data. html.

进口总额为 3.3 亿日元，主要为机电类产品。日本对汤加没有直接投资。

日本对汤加长期提供援助。1993～2006 年，日本通过"平民援助项目"向汤加提供总额达 500 多万美元共 179 个项目的援助。汤加卫生部中心医院即由日本援建，投资近 1000 万美元。2014 年日本对汤加援助金额为 2.86 亿日元，累计援助总金额为 194.3 亿日元。2013 年日本与汤加技术合作金额为 2.35 亿日元，累计合作总额为 103.2 亿日元。2015 年 6 月 10 日，日本向汤加援助 33.2 亿日元，用于"国内运输码头升级改造项目"（The Project for Upgrading of Wharf for Domestic Transport）。同年 9 月 17 日，日本向包括汤加在内的多个太平洋国家援助 1.24 亿日元，用于"加强太平洋岛国地区多风险评估和早期预警系统项目"（The Project for Strengthening Multi-hazard Risk Assessment and Early Warning Systems in Pacific Island Countries）。2014 年 3 月 16 日，日本向汤加提供价值 3 亿日元的减灾装备。

2008 年 3 月，汤加首相塞维勒以太平洋岛国论坛轮值主席身份访日。2009 年 5 月，塞维勒首相赴日出席第五届日本与太平洋岛国领导人会议。2011 年 1 月，汤加国王图普五世以私人身份赴日访问。5 月，汤加首相图依瓦卡诺赴日出席第六届日本与太平洋岛国领导人会议。2013 年 10 月，汤加首相图依瓦卡诺赴日出席日本与太平洋岛国领导人会议第二届部长级会议。1973 年以来，日本已向汤加派遣了约 350 名志愿者。

汤加与日本建交以来，日本皇室和汤加皇室也日益亲近，建立了私人关系。2012 年 3 月，日皇室成员正仁亲王夫妇赴汤出席图普五世国王的葬礼。2015 年 7 月日本皇太子德仁亲王和太子妃雅子赴汤出席图普六世加冕典礼。

促成两国友谊的重要因素之一是体育，尤其是英式橄榄球和相扑。汤加的一些橄榄球运动员为日本大学或公司球队效力，甚至有些已经加入了日本国家橄榄球队。

二　与法国的关系

汤法两国早在 1855 年就签署了《法国－汤加友好条约》。汤加致力于和所有国家进行友好交往，甚至在大多数太平洋岛国联合抵制法国殖民行径尤其抵制其核试验行为时，汤加仍然与法国保持了友好关系。法国在汤加设有名誉领事。法国不定期向汤加提供一些军事物资援助，法国军舰时常访问汤加。2009 年 5 月，法属新喀里多尼亚司令向汤加国防军赠送15 辆军用卡车；9 月，汤加国防军和法驻新喀里多尼亚部队举行小型军事演习。2011 年 3 月，法国军舰嘲东岛号（La Moqueuse）出访汤加。

三 与欧盟的关系

汤加是《洛美协定》成员国，欧盟曾在汤设办事处及临时代办，2002 年起该办事处事务由驻斐济办事处兼管。欧盟在汤加有若干援助项目。欧盟通过 2002~2007 年第 9 个欧盟援助计划向汤提供 1700 万潘加援助，并通过 2008~2012 年第 10 个欧盟援助计划向汤提供 2000 万潘加援助。2010 年 5 月，欧盟同意向汤提供 2400 万潘加无偿援助，其中1650 万潘加用于预算支持，其余用于乡村电网升级。2012 年 6 月，汤加劳工、商业和工业大臣普卢赴瓦努阿图出席第 37 届非加太－欧盟部长理事会会议。

第六节 与其他南太平洋岛国及太平洋
岛国论坛等国际组织的关系

一 与斐济的关系

古代汤加帝国鼎盛时，占领过包括斐济和萨摩亚在内的许多周边岛国。汤加、斐济、萨摩亚三者之间开始形成具有同质性的统一文化，贵族族内历来有通婚习俗，因此三国之间的关系相对亲近。

虽然汤加属于波利尼西亚，斐济属于美拉尼西亚，但斐济是距离汤加最近的国家，两国关系有着几百年的历史。13 世纪初，东斐济（劳族人所在地）曾经是汤加帝国的一个省，帝国衰败后，汤加仍然在斐济事务中拥有影响力。1848 年，汤加王子马阿富定居东斐济的拉科巴，在东斐济建立了新的立足点。当初随同王子前去的还有一些卫斯理教派的基督教传教士，在斐济引入了基督教中的循道宗，一直到今天，循道宗仍是斐济本地人的主要宗教。马阿富在斐济的影响持续到 19 世纪 50 年代，当时斐济的赛鲁·依白尼撒·卡考包想要统一斐济并称王，马阿富和汤加在 1855 年卡巴一战中给予卡考包有力支持，巩固了卡考包在斐济的领导，同时也保证了汤加王子在斐济的重要角色和地位。不过 1874 年卡考包将主权拱手让给英国，汤加对斐济的直接影响逐渐消失。

20 世纪 70 年代两国相继独立，相交甚好。2010 年两国关系有些疏远，但和其他国家相比，两国关系还是相对亲密得多。2006 年斐济发生军事政变，军队司令姆拜尼马拉马推翻恩加拉塞总理领导的民选政府并解散议会，随后出任临时政府总理，引起了澳大利亚、新西兰、美国等国家及欧盟的强烈谴责和接二连三的制裁，但是 2007 年太平洋岛国论坛会议在汤加召开时，姆拜尼马拉马受到了汤加人民的热情欢迎。尽管澳大利亚和新西兰一再对斐济施加压力，并敦促其他太平洋国家一起声讨斐济，汤加政府一直尽量避免在民主选举方面给斐济临时政府施加压力，不过汤加时任首相塞维勒曾经催促斐济首相姆拜尼马拉马"根据斐济宪法和法律制定可行的民主选举路线图"。

2010 ~ 2011 年，因为领土纠纷和罪犯引渡两个几乎同时发生的事件，汤加和斐济关系有所恶化。

1. 领土纷争问题

斐济和汤加都声称对麦讷瓦岛拥有主权。历史上，这些礁岛历来是斐济奥诺－依－劳地区渔民捕鱼的地方。1972 年，在没有任何国家对这些岛屿宣称主权的情况下，汤加强占了这些礁岛。2010 年底，斐济称汤加在其中一个岛上开建灯塔，宣称自己将保留采取一切必要措施保卫领土完整的权力。2011 年 2 月，斐济政府称双方没有就此事产生任何官方冲突，双方官员开始讨论岛礁归属及使用问题。一位斐济官员称斐济政府重申立场，即麦讷瓦岛位于斐济专属经济区，斐济政府将保留权力。斐济外交部常务秘书梭罗马拉强调双方没有发生冲突，只是根据联合国海洋法公约对 200 海里专属经济区之外延伸大陆架的规定，对各自的海洋边界有重叠说法。2011 年 5 月，斐济海军船只来到麦讷瓦岛，捣毁了汤加在岛上建造的灯塔。汤加政府随后发表声明抗议。汤加外交部副常务秘书后来对斐济广播公司说，汤加仍然是"斐济最亲密的朋友"。尽管该岛位于斐济专属经济区内，归斐济所有毋庸置疑，但是斐济仍然希望通过"和平对话"解决这一争端。6 月，两艘汤加海军船只被派往该岛重建被斐济破坏的灯塔，并且重申汤加对该岛的所有权。当时附近的斐济船只选择了撤退，避免了两国一触即发的军事冲突。汤加批评斐济破坏航海灯塔一事为"蓄意破坏"，"对国际航运安全构成威胁"，并呼吁两国"遵循国际法以文明社会的姿态"解决领土争端。

2. 罪犯引渡问题

汤加和斐济关系在 2011 年前后恶化，还有另外一个原因，即汤加没有配合斐济抓捕逃犯。2011 年 5 月，斐济前陆军中校特维塔·马拉受指控密谋推翻临时政府总理姆拜尼马拉马，遂乘船逃离斐济，后由汤加巡逻艇截获带到汤加。汤加当局发表声明称他们是在收到求救信号后将此人救起带回，并根据其官衔，在努库阿洛法将其安置在了一处王室住所内。姆拜尼马拉马签署声明谴责汤加海军未经官方允许擅自闯入斐济水域，并"非法带走"逃犯，并声称将发表声明正式抗议汤加首相图依瓦卡诺的行为，要求将马拉引渡回国接受审判。图依瓦卡诺回应说汤加独立司法部门将对该斐济引渡案予以听证，汤加政府不作干预，并补充说汤加无意干涉斐济内务。汤加反对党领导人阿基利西·波希瓦认为，汤加海军船只进入斐济水域带回逃犯，严重破坏两国关系，不过他同时也认为从人道主义角度来说此事可以理解。

四天后，汤加政府发表声明说，除了斐济当局发布的未经证实言论和斐济总理姆拜尼马拉马的个人声明之外，没有收到斐济官方引渡马拉的请求。随后，汤加承认收到了引渡请求，但是汤加政府称"在采取任何行动之前要经过正规渠道听从司法建议"，并再次强调汤加政府不会干涉司法程序。然而 6 月初，汤加政府准许马拉成为汤加公民，并给他签发了护照，之后马拉去了澳大利亚。澳大利亚广播电台报道称，两国关系在此次事件之后"迅速恶化"。据新西兰广播电台报道，马拉此前谴责斐济临时政府侵犯人权，并呼吁斐济国内重建民主。而斐济正因国内军方颠覆政权、破坏民主秩序而备受周围国家冷落和批评，澳大利亚和新西兰两国在此事上态度尤其强硬。6月10日，汤加海军船只前往麦讷瓦岛意欲占领该岛，斐济政府网站登出未署名文章谴责"汤加海军船只出现在斐济专属经济区内"，给"马拉签发汤加护照"，以及"汤加政府无视引渡文件，不予配合"，称这是"一场骗局，相互勾结，完全没有遵循法律规定的引渡程序"。文中还对澳大利亚和新西兰进行了谴责，认为汤加在麦讷瓦岛和马拉两件事上讨好澳新两国，帮助他们为之前和斐济产生的一系列外交龃龉①挽回颜面。6月底，汤加当局发布外交公报称，根据汤加法律，政府不能引渡马拉。

二　与萨摩亚的关系

萨摩亚是汤加北部的近邻国家，同属波利尼西亚，两国交往历史悠久。萨摩亚、斐济和汤加自古就交往频繁，重要表现之一是通婚，既缘于三国互为邻居的地理位置，也和争取战争盟友有重要关系，因此政治联姻屡见不鲜。国家、部族之间通过婚姻可以建立重要稳固的同盟关系，扩大势力、提高政治和军事地位，这于双方都有好处。萨摩亚首位女王萨拉马西娜就是因其家族与各大家族，甚至与汤加和斐济都有亲缘关系而登上王位的。在汤加，图依汤加王朝第十位国王莫莫和萨摩亚国王的女儿努亚通婚，两国势力通过战略联姻联合在一起，奠定了图依汤加王朝扩张的基础。公元1100年前后，莫莫逝世，他与努亚的儿子即图依·塔图依（Tu'i tatui）是图依汤加王朝历史上最广为人知的君主。在他统治期间，图依汤加王朝的势力达到了顶峰。他与他的外祖父——萨摩亚的统治者联手，征服了包括斐济、萨摩亚、劳群岛在内的波利尼西亚中西部大部分地区，以及美拉尼西亚和密克罗尼西亚一小部分地区。1250年马列托亚家族赶走汤加入侵者，萨摩亚成为独立王国。至今，萨摩亚人在婚姻方面仍

---

①　2006年斐济发生军事政变，成立临时政府后，澳大利亚和新西兰在经济、旅游等方面制裁斐济，与斐济关系恶化，多次发生互相驱逐外交官员事件。

然非常注重对方的社会地位。萨摩亚与汤加通婚比例较高，还有语言方面的原因，因为过去两国语言几乎相同。

尽管两国交流频繁，但是两国历史上的政治制度相去甚远。汤加长期以来是中央集权的等级制国家，而萨摩亚的政治制度在古代以村庄酋长制为基础，没有中央集权及其带来的层层等级划分。但是，近现代的汤加和萨摩亚都在探求和尝试民主化的道路，总体而言，两国都在部分保留各自传统政治制度（分别为君主制和酋长制）的基础上，采用了西方现代民主制中的议会选举和司法独立制度，并先后建立了民选政府。

三 与太平洋岛国论坛及其他国际组织的关系

1. 太平洋岛国论坛概况

太平洋岛国论坛是政府间组织，旨在加强太平洋地区国家间的合作。其前身是成立于1971年8月的"南太平洋论坛"，总部设在斐济首都苏瓦。论坛创始会员国包括澳大利亚、新西兰、库克群岛、斐济、瑙鲁、汤加和西萨摩亚七个国家。为了使论坛更有包容性，团结太平洋北部和南部尽可能多的国家，2000年更名为"太平洋岛国论坛"，目前成员已经扩展至16个独立国家，即澳大利亚、新西兰、斐济、萨摩亚、汤加、巴布亚新几内亚、基里巴斯、瓦努阿图、密克罗尼西亚、所罗门群岛、瑙鲁、图瓦卢、马绍尔群岛、帕劳、库克群岛和纽埃。新喀里多尼亚（法）和法属波利尼西亚2006年从原来的观察员成为准会员，托克劳（新）2005年成为论坛观察员，2014年获准成为准会员。目前论坛的观察员包括：瓦里斯和富图那（2006）、英联邦（2006）、联合国（2006）、亚洲开发银行（2006）、太平洋渔业委员会（2007）、世界银行（2010）、非加太集团（2011）、美属萨摩亚（2011）、关岛（2011）、北马里亚纳群岛自由联邦（2011）和国际移民组织（2014）。东帝汶是特别观察员（2002）。

论坛每年的预算由澳大利亚和新西兰各负责1/3，其余由其他国家分担。目前向论坛秘书处提供捐助的国家、地区和组织有：中国、澳大利亚、加拿大、欧盟、法国、法属波利尼西亚、德国、日本、韩国、马来西亚、新西兰、菲律宾、英国、联合国开发计划署，中国台湾当局也向秘书处提供捐助。

太平洋岛国论坛是亚太地区最重要的次区域合作组织之一，每年举行一次政府首脑会议，由主办国国家首脑担任轮值主席。论坛的议事特点是"求同存异"。领导人的年会一般不讨论政治分歧，而是寻求诸如政治、经济和安全等方面的广泛一致，以及决定在国际事务中所要采取的共同立场。会议不采取投票方式来做决定。论坛的任务是"保证领导人制定的有利于太平洋人民利益的决议得到有效实施"。论坛的目标是"通过制定政策意见，刺激经济增长，加强区域政治管理和安全；通过协调各方关系，加强区域合作和一体化；监管和评估领导人决策的实施情况"。论坛于2004年发布领导人宣言，表示"相信太平洋地区将会成为和平、和谐、安全以及经济繁荣的地区，人民可以享受自由和有意义的生活；珍惜太平洋地区的多样性，共同谋求文化、传统、宗教信仰得到尊重和发展的未来；寻求太平洋地区因其对资源的可持续管理、对民主价值的充分遵守、对人权的捍卫和推动而受人尊重的地位；寻求和邻国及其他国家合作的机会，增长知识、加强沟通，从而保证经济上共同的可持续发展"。论坛制定的纲领性原则包括以下几个方面。

（1）特殊和区别对待原则。重视最弱成员国、社区或人民的首要需求和权利。

（2）太平洋方式原则。支持文化多样性，保持宽容和尊重。

（3）前瞻原则。就如何在当今和未来挑战面前摆正立场、加强磋商。

（4）共同遗产原则。努力争取本区域在保护世界最大海洋和资源方面的责任认可。

（5）沟通原则。和论坛的国内外股东进行有质量的互动。

（6）持续努力原则。支持良好的政府管理，支持性别平等，并努力做到最优。

自1989年起，论坛每年重要对话伙伴举办部长级的会后对话会，目前有17个对话国家和地区：加拿大、中国、古巴、欧盟、法国、印度、印度尼西亚、意大利、日本、韩国、马来西亚、菲律宾、西班牙、泰国、土耳其、英国和美国。

2. 与太平洋岛国论坛的关系

汤加重视同南太平洋其他岛国的传统关系，是太平洋岛国论坛创始会员国，与南太平洋其他岛国领导人互访频繁，是各界论坛的积极组织者或参与者。2007 年 10 月，汤加主办第 38 届太平洋岛国论坛首脑会议、第 19 届论坛会后对话会。2011 年 5 月，汤加主办太平洋岛国论坛贸易部长会议。

汤加在太平洋岛国论坛会议上有一定的领导力和影响力。2007 年 10 月，太平洋岛国论坛首脑会议在汤加召开，斐济一年前刚刚发生了军事政变，组建了由军事强人姆拜尼马拉马领导的非民选政府，遭到了周围太平洋国家的反对。澳大利亚和新西兰甚至对其采取了严厉制裁，曾试图促使汤加取消斐济参会资格。但是当姆拜尼马拉马来到汤加的太平洋岛国论坛会场时，与会人员仍然给予热烈的掌声。《斐济时报》报道说会场对斐济领导人的"热情接待"堪比"摇滚明星"。澳大利亚广播电台对此评论称，"对于汤加人民来说"，斐济简直成了"今年会议之星"。汤加和其他参会太平洋小岛国的表现，遵循了论坛原则中主张的"太平洋方式"，即可以使用不同于西方或国际的例行方式，来管理太平洋各国家事务，主张"宽容与尊重"各个国家的国情和传统。汤加和其他太平洋岛国在这次论坛上的"手软"表现，与澳大利亚和新西兰的强硬态度形成了鲜明对比。

在 2008 年论坛会议上，斐济领导人姆拜尼马拉马没有参会，汤加首相费乐提·塞维勒在论坛会议上发言表示："很遗憾，去年在汤加的论坛会议上，论坛和斐济临时政府的关系尚且非常友好，大有希望，可是今年的关系却迅速恶化，让人失望，前景不明。论坛领导人都对斐济临时政府总理不来参会的决定感到极度失望。作为上届论坛的主席，以及过去 12 个月的轮值主席，我保证姆拜尼马拉马准将在领导人会谈上所做出的承诺没有受到任何胁迫。他当时同意并且接受了关于斐济的 7 条公报内容[1]，并告知了与会的所有领

① 参见太平洋岛国论坛秘书处网站。2007 年太平洋岛国论坛发布的公报中，有 7 条是关于敦促斐济根据国内宪法和法律制定民主进程路线图，并在 2009 年第一季度前，恢复宪法、在国内进行议会选举、组建民主政府。

导人。我和麦克·索马雷①绝对没有对他做出这些承诺施加任何压力。我们和所有岛国领导人，无论过去还是现在都非常愿意帮助斐济，但是斐济必须把自己该做的事情做好。斐济临时政府总理有义务以个人名义向论坛领导人解释清楚没能履行承诺的原因，我们都盼望这次在纽埃论坛上他能够履行这些承诺。他选择不来参会确实让人非常遗憾和失望。"

2009 年 5 月，在论坛各国普遍选择对斐济采取强硬政策时，汤加首相塞维勒坚持认为一味"排斥"斐济"毫无意义"。2011 年 2 月，塞维勒继任者图依瓦卡诺首相发表言论说澳大利亚和新西兰对斐济施加的压力适得其反，认为越"惹恼"姆拜尼马拉马，他越有可能反其道而行之。他补充说："或许如果我们缓和一些，他会好一些。你们须知这是给其他国家提供机会……其他许多国家也有意介入。斐济已经说过了'我们不需要澳大利亚，我们不需要新西兰。这些才是打算帮助我们的人'。"

汤加在太平洋岛国论坛中敢于发声，敢于对抗澳大利亚和新西兰两个太平洋中的大国，在太平洋岛国中有一定的领导力。

3. 与其他国际组织的关系

除了太平洋岛国论坛外，汤加还是联合国、太平洋共同体、国际民航组织、亚洲开发银行、世界银行、国际货币基金组织、世界贸易组织等的成员。汤加关心地区安全与稳定，支持美澳新军事联盟和美在太平洋地区发挥主导作用；积极参加地区合作，主张建立南太平洋无核区，但尚未签署南太无核区条约。2007 年 7 月，汤加成为世界贸易组织第 151 名成员。2014 年 7 月，汤加当选国际海底管理局理事会成员，成为继斐济之后第二个当选理事会成员的小岛屿发展中国家。

除了主办太平洋岛国论坛首脑会议、对话会和部长级会议之外，汤加主办的会议还包括：2007 年第 17 届南太旅游组织部长理事会；2011 年 4 月，联合国粮农组织西南太平洋地区农业部长会议；2013 年 3 月，太平洋领导人能源问题峰会；2013 年 5 月，南太平洋岛国防长会议；2014 年 10 月，第 24 届南太旅游组织部长理事会。

---

① 时任巴布亚新几内亚总理。

第七节　与中国的关系

一　双边关系发展简史

20 世纪末，中国和西方世界以及当时处于西方世界利益范围的汤加之间发生了许多重要事件。1997 年英国将香港交还中国；1998 年汤加与台湾"断交"，与中国建交；1999 年澳门回归中国。这些事件并非偶然，而是和西方旧殖民帝国的衰落以及中国的日益强大分不开的。

20 世纪末，汤加实行"向东方看"的外交政策。1998 年，汤加中断和台湾的"外交关系"，11 月 2 日与中国正式建交①，汤加承认世界上只有一个中国，台湾是中国不可分割的一部分。当日，汤加在努库阿洛法王宫举行仪式庆祝中汤建交，中华人民共和国国旗在汤加升起。建交以来，两国在政治、经济、文化、教育、卫生和军事等领域的友好合作关系不断发展，在国际和地区事务中相互支持和配合，双方政府高级官员和代表团互访频繁。汤加王室、政府和议会坚持一个中国政策，中方对此表示赞赏。中国重视发展同包括汤加在内的太平洋岛国的关系，中汤之间关系健康良好。1998 年 11 月 23 日，中国在汤设大使馆。现任驻汤加大使是黄华光（2013 年 12 月履新）。汤加 2002 年 4 月 25 日在北京设立名誉领事馆。2005 年 5 月 18 日，汤驻华使馆正式开馆。上一任汤驻华大使西亚梅利耶·拉图于 2011 年 3 月递交国书，2015 年 1 月与现任驻华大使陶阿伊卡·乌塔阿图办理了工作交接。

在汤加的外国人中，华人不占少数，主要源于汤加政府在 20 世纪末实行的护照售卖计划。许多中国人购买了汤加护照，试图在汤加开启新的生活。在汤加国内，这项计划最终受到诟病，尤其是政府售卖护照所得资金去向受到公众强烈质疑。另外汤加人对于非自己族裔的人成为汤加公民

---

① BBC News, World: Asia-Pacific Tonga breaks relations with Taiwan, http://news. bbc. co. uk/2/hi/asia – pacific/204544. stml.

这一事实也不太接受，尤其是当时混血汤加人根据法律无法成为汤加公民。最终大约 400 个中国人成为汤加公民。时至今日，据估计已有一千多人成为汤加公民，部分人仍然居住在汤加。多数中国移民在汤加以经营商店为生，称为 "Fale Koloa"，商品价格低廉，几乎每个汤加村庄都有中国人开的商店。

2006 年汤加加入世界贸易组织时，汤加政府规定只有汤加人有权经营 "Fale Koloa"，那时许多中国人已经有了汤加国籍，以至于今天汤加的 "Fale Koloa" 主要由华裔经营。

1999 年图普四世国王访问中国，10 月 7 日双方签署贸易协定，为中国投资者在汤加投资创造了便利条件，汤加也对两国在卫星通信网络方面的合作寄予厚望。汤加在中国的唯一投资商是汤加卫星公司，该公司由图普四世的女儿皮洛莱乌公主等人所有，主营出租汤加卫星传播频道资源。之前亚太全球控股有限公司香港办事处向汤加推销了 6 个卫星频道，其信号能够覆盖中国。汤加出租卫星资源的主要客户是中国为主要股东之一的亚太卫星公司。由于汤加卫星扮演着协调中国和汤加关系的角色，1996 年图普四世授权皮洛莱乌公主加强和中国的关系。十年后，中国—太平洋岛国经济发展合作论坛于 2006 年首次在楠迪召开，中国向太平洋岛国提供了 4.92 亿美元的优惠贷款。第二届论坛于 2013 年召开，中国向太平洋岛国提供了 10 亿美元的优惠贷款。

2006 年 11 月 16 日，汤加首都努库阿洛法爆发骚乱，中心商业区包括很多中国人的商铺遭到破坏。2007 年 11 月 9 日，汤加时任财政大臣西奥西瓦·乌图瓦卡麻努同中国签订了贷款协议，中国向汤加提供了 2.334 亿潘加（按当时汇率为 4.4 亿元人民币）的低息贷款，其中 1.39 亿潘加用于努库阿洛法中心商业区的重建，0.918 亿潘加用于道路铺设，0.026 亿潘加用于整修国际日期变更线酒店（目前已停止营业）。这笔低息贷款的利息只有 2%，原本应于 2013 年开始偿还，但在汤加国内，很多人产生了误会，想当然地认为这一贷款将转为赠款。随后，人民币升值和汤加潘加贬值使汤加债务负担大大加重（按当前汇率 2006 年汤加贷款合 6.8 亿元人民币）。报道称，令财政问题更趋复杂的是，汤加政府将中国提供的贷款的一部分借给了当地企业并收取 5% 的利息，其中大多数贷款处于违约状态。

汤加议会就这笔贷款进行过激烈辩论，前财政大臣利西亚特·阿科洛说，汤加已数次请求减免这笔贷款。中国同意延期 5 年偿还，即应于 2018 年开始偿还。

汤加首相波希瓦最近对汤加国民说："你们知道，上届政府向中国借了一大笔钱，如今，我们已债台高筑。（我们）目前正全力履行其他承诺，我们还没有时间考虑如何处理上届政府留下的这一债务重担。"

《汤加杂志》双月刊的主编佩西·福努阿说，汤加别无选择，只能与中国保持密切关系。他说："很显然，中国如今在汤加日益增强的作用和影响力，从根本上讲都是围绕如何让汤加偿还欠中国的贷款进行的。这是讨债人的影响力，汤加别无选择。"①

尽管 2006 年骚乱期间，在汤加的中国商铺遭到破坏，以及后来汤加接受中国的贷款没能按时归还，但这些并没有影响到中汤两国关系的发展。中国仍然在援助汤加经济。2013 年 7 月 6 日，中国向汤加捐赠新舟 60 飞机。② 2014 年 10 月 10 日，中国向汤加捐赠运 – 12 飞机。③ 中国援助汤加第一架飞机时就遭到了来自西方社会和媒体的种种质疑。新西兰不满自身在汤加的影响力被削弱、垄断地位受到影响，通过各种手段向汤加政府施压。新西兰甚至向民众发布汤加旅游警告，撤离其在汤加运营的航空公司，暂停对汤加的一项旅游援助。然而汤方表示，新舟 60 飞机和运 – 12 飞机为汤民众出行提供了很大方便，也为汤运输、旅游业发展提供了动力。与新西兰垄断时期航线收入归新西兰所有不同，现在的航线收入归汤加本国所有，为汤加创造了很好的经济效益。在中国的帮助

---

① 新华社 – 参考消息：《日媒：汤加新首相为中国债务发愁》，http：//military. china. com/ important/11132797/20150401/19454953. html。
② 中国驻汤加大使馆：《中汤双方签署运 – 12 飞机交接证书》，http：//to. chineseembassy. org/chn/sgxw/t1199461. html。
③ 中国驻汤加大使馆：《运 – 12 飞机交接仪式在汤加瓦瓦乌群岛举行》，http：//to. chinesem bassy. org/chn/sgxw/t1180589. html。

下，汤加人组建了自己的航空公司——"汤加航空"，汤加人民由此实现了更加安全、舒适、低成本的出行。中国在帮助汤加提升民航能力方面，做了大量工作。不但为其培训了飞行员、地勤、签派、空乘等一系列民航人才，还派驻了一个现场专家组，及时解决飞机运营中出现的问题。

面对新西兰的无端指责，汤加政府旗帜鲜明地支持"新舟"。汤加民航局局长维利·科克表示，据他所知，中国没想要任何回报，"我只知道他们慷慨，愿意赠送这些礼物"。汤加商业、旅游大臣表示，这类负面评论"目的在于误导、破坏汤加的旅游业，汤加的民航法规是基于国际民航组织（ICAO）法规的，与他国无关"①。

2014 年 8 月 13 日至 20 日，中国海军"和平方舟"医院船访问汤加，开展医疗服务。访汤期间，医院船全天接诊，巡诊分队在汤加塔布岛东部、中部和西部地区为当地民众诊疗，并乘舰载直升机赴埃瓦岛巡诊，中国医疗专家还与当地医生会诊并举办学术研讨会，健康宣传队赴汤加小学和残障中心进行健康知识宣传。此外，两军还举行乐队联合演出和友谊球赛，医院船还面向公众举办开放日活动。② 根据"汤加风"网站有关报道，中国医疗队还实施复杂手术，接连几天许多汤加人在码头排队等候看病治疗。③

2015 年，中汤双边关系稳步发展，合作成果丰硕，这一年中国对汤加的援助如下④：中国援建汤加政府办公楼项目顺利开工。中汤签署新的经济技术合作协议，中方将支持汤加中学体育场馆建设、农业技术合作等

---

① 中国驻汤加大使馆：《"新舟"入驻汤加遭质疑 谁是"麻烦制造者"？》，http：//mil. huanqiu. com/aerospace/2014 – 07/5046598. html。

② 中国驻汤加大使馆：《和平方舟医院船访问汤加》，http：//to. chineseembassy. org/chn/sgxw/t1183483. html。

③ Pesi Fonua，"China and the Pacific：the view from Tonga". Paper read at the Conference：China and the Pacific：The View from Oceania. Held by National University of Samoa Apia，Samoa 25 – 27 February 2015. Obtained from Matangi Tonga Online. http：//matangitonga. to/2015/03/02/china – and – pacific – view – tonga.

④ 中国驻汤加大使馆：《黄华光大使在〈汤加风〉网站发表署名文章〈谋合作促发展共繁荣〉》，http：//to. chineseembassy. org/chn/sgxw/t1328422. html。

优先项目。中国为图普六世国王加冕典礼援助礼宾用车，为保证加冕活动顺利举行发挥重要作用。中国援汤价值 500 万潘加的气候变化物资成功移交，崭新的太阳能路灯已陆续就位，为偏远岛屿降低能源消耗、便利民众生活发挥了重要作用。中国援汤价值约 200 万潘加的卫生物资顺利移交，进一步改善汤加医疗条件。中国政府向汤加提供 25 个政府奖学金名额，汤加赴华留学生规模继续扩大。中国政府积极支持包布瓦社区道路、纽阿储水罐、埃瓦供水设施、维哈岛学生寄宿间等草根项目，为有关社区民众生活的改善带来了实实在在的利益。

2012 年 2 月 28 日，由中国援助的汤加瓦瓦乌群岛王子医院扩建项目启用典礼在汤加第二大岛瓦瓦乌群岛隆重举行。

对于中国的援助，汤加国王图普六世表示，汤加珍视汤中友谊，坚定奉行一个中国的政策，由衷感谢中方长期以来为汤加经济社会发展提供的宝贵帮助，并希望在经贸、文化、旅游业等广泛领域进一步深化双方合作，推动两国关系迈上新台阶。

汤加首相波希瓦在与中国驻汤大使会面时，感谢中方长期以来对汤加经济社会发展提供的宝贵援助，表示中国是汤加重要的发展伙伴，汤加政府重视发展对华关系，愿与中方一道不断扩大双边交流与合作。①

二 双边往来②

中国和汤加既有高层互访，也有民间组织的交流和互动，近些年来交流日益频繁。

中国国家主席习近平在 2014 年 11 月 22 日出席二十国集团领导人峰会时，会晤了汤加时任首相图依瓦卡诺，双方进行了亲切会谈。在此次峰会上，习近平主席提出了"构建相互尊重、共同发展的战略伙伴关系"，对进一步的交往和合作提出很多建议，将中国和包括汤加在内的太平洋岛

---

① 中国驻汤加大使馆网站：《驻汤加大使黄华光会见汤加首相波希瓦》，http://to. chineseem bassy. org/chn/sgxw/t1367507. html。
② 中华人民共和国外交部：《中国同汤加的关系》，http://www. fmprc. gov. cn/mfa_ chn/gjhdq_ 603914/gj_ 603916/dyz_ 608952/1206_ 609502/sbgx_ 609506/。

国之间的关系推向了一个新的高度。①

2015 年 4 月 8 日，由汤加副议长率领的汤加议会、政府考察团一行 16 人来到中国开展了为期 10 天的考察访问。此次访问为今后双边关系的发展及民航、旅游业、农业、清洁能源、人员培训等各领域的合作奠定了良好基础。

自 1998 年中国和汤加建交以来，中国前往汤加访问的人员情况见表 6 - 2，汤加来访的政府官员及民间组织见表 6 - 3，王室成员来华访问情况见表 6 - 4。

表 6 - 2　中国出访汤加情况

出访时间	出访人员
1998 年 11 月	外交部副部长杨洁篪
1999 年 4 月	全国妇联副主席刘海荣
1999 年 6 月	国际友好联络会副会长王俊夫
2000 年 2 月	全国人大常委会副委员长周光召
2000 年 7 月	中国人民解放军副总参谋长吴铨叙
2001 年 3 月	外经贸部部长助理何晓卫
2001 年 4 月	中国人民解放军副总参谋长隗福临
2002 年 8 月	外交部部长助理周文重
2002 年 12 月	中国贸易促进会副会长钟敏
2004 年 5 月	外交学会会长卢秋田
2005 年 3 月	中国广播电视总局副局长田进
2006 年 8 月	外交部部长李肇星
2006 年 9 月	商务部副部长廖晓淇（作为胡锦涛主席特使出席图普四世国王的葬礼）
2007 年 9 月	全国人大常委会副委员长蒋正华

---

① 中华人民共和国外交部：《习近平同太平洋岛国领导人举行集体会晤并发表主旨讲话：构建相互尊重、共同发展的战略伙伴关系　共圆发展繁荣和谐之梦》，http://www.fmprc.gov.cn/mfa_ chn/ziliao_ 611306/zt_ 611380/dnzt_ 611382/xjpzxcfjtdg_ 669758/zxxx_ 669760/t1213755. shtml。

续表

出访时间	出访人员
2005 年 5 月	全国人大外事委员会副主任委员吉佩定
2007 年 10 月	外交部副部长张业遂(赴汤出席第 38 届太平洋岛国论坛会后对话会)
2008 年 8 月	中国政府特使、中国 - 太平洋岛国论坛对话会特使王永秋(出席汤加国王图普五世加冕典礼)
2008 年 11 月	陕西省省长袁纯清
2009 年 1 月	商务部副部长傅自应
2009 年 4 月	中国人民对外友好协会副会长李小林
2010 年 4 月	中国政府特使、中国 - 太平洋岛国论坛对话会特使杜起文
2011 年 8 月	全国政协副主席、中国 - 大洋洲友好协会会长廖晖;中国人民对外友好协会副会长李小林
2012 年 3 月	民政部副部长姜力(作为胡锦涛主席特使出席图普五世国王的葬礼)
2012 年 6 月	中国政府特使、中国 - 太平洋岛国论坛对话会特使李强民
2013 年 5 月	中国贸易促进会副会长王锦珍
2013 年 8 月	总政治部副主任吴昌德上将
2014 年 3 月	全国政协副主席、中联部部长王家瑞
2014 年 4 月	中国政府特使、中国 - 太平洋岛国论坛对话会特使杜起文

表 6 - 3　汤加政府官员及民间组织来访列表

来访人员身份	来访人员	来访时间及事由
首相	塞维勒	2007 年 4 月、2008 年 8 月(出席奥运会开幕式)
	图依瓦卡诺	2013 年 7 月、11 月
议长	韦伊库内	2000 年 1 月
	图依瓦卡诺	2003 年 2 月
	图依拉卡帕(带领太平洋岛国议员代表团访华)	2009 年 6 月
	法卡法努阿	2012 年 10 月
副首相	副首相兼环境大臣科克尔	2003 年 3 月赴华进行商务考察
	副首相兼交通、工程大臣瓦伊普卢	2011 年 12 月、2013 年 8 月、2014 年 5 月

汤 加

续表

来访人员身份	来访人员	来访时间及事由
副首相	副首相兼卫生大臣维利亚米·坦吉	2008年9月出席北京残奥会闭幕式
	副首相兼环境大臣、水委会主席科克尔	2002年10月出席全球环境基金第二届成员国大会;2003年3月来华考察
副议长	图依阿费图	2011年8月作为团长率"太平洋岛国政治家联合考察团"访华
	图依哈阿泰伊霍	2014年5月参加"汤加政府议会联合考察团"访华
外交和国防大臣	乌卢卡拉拉·拉瓦卡·阿塔	1998年11月、1999年8月
外交大臣	图普	2007年1月、3月
财政大臣	乌托依卡马努	2002年5月、2005年10月、2006年9月、2007年1月
国防军总司令	乌塔阿图	2001年5月、2007年6月、2010年5月,2013年10月来华出席首届"加勒比-南太国家高级防务论坛"
卫生大臣	维利亚米·坦吉	1999年9月
工程大臣	科克尔	2000年6月
教育大臣	图托阿塔西·法卡法努阿	2001年9月
	教育大臣兼珠算协会会长布卢姆菲尔德	2002年10月出席世界珠算心算联合会成立大会
	教育大臣兼珠算协会会长布卢姆菲尔德	2003年9月来华出席世界珠算心算联合会常务理事会
贸工大臣	马萨索·保恩加	2002年1月
	阿科洛	2010年4月出席中国-太平洋岛国经济技术合作洽谈会
旅游大臣	福纳基	2010年4月出席上海世博会开幕式
警察大臣	克里夫·爱德华	2004年3月访华
	太平洋岛国新闻记者团	2003年9月应中国外交部邀请访华

表 6 - 4　汤加王室成员来访情况

来访者身份	来访王室成员	来访时间及事由
国王	图普四世	1997 年 7 月、1999 年 10 月、2004 年 10 月
	图普五世	2008 年 4 月、2011 年 1 月对华进行国事访问，此前任王储期间曾多次来华旅游和进行私人访问。2005 年 5 月，来华出席汤加驻华使馆开馆仪式，曾于 2001 年 1 月、2002 年 3 月、2004 年 6 月和 10 月、2005 年 5 月、2006 年 1 月以王储图普托阿身份访华
王储	图普托阿	2004 年 6 月访华
	图普托阿·拉瓦卡	2008 年 8 月出席奥运会开幕式
	乌卢卡拉拉	2014 年 12 月 8 日至 14 日，应中国国际交流协会邀请访问中国
公主	萨洛特·皮洛莱乌·图依塔	1998 年 10 月、2000 年 5 月、2000 年 11 月、2003 年 10 月、2004 年 5 月、2005 年 10 月、2007 年 9 月来华，2010 年 8 月出席上海世博会汤加国家馆日活动，2012 年 9 月出席第五届美大地区友好论坛，2013 年 9 月访华，11 月来华出席中汤建交 15 周年招待会，2014 年 5 月来华出席全国友协成立 60 周年庆祝活动
王太后	玛塔阿霍	2010 年 2 月和 2011 年 2 月因私访华

三　文教、卫生等领域的交流

1999 年 12 月和 2002 年 7 月，湖南省杂技团和河北省杂技团先后赴汤访演。2007 年 6 月，辽宁省杂技民乐团赴汤演出。2008 年 8 月，中国歌剧舞剧院交响乐团赴汤出席汤国王图普五世加冕典礼演出；同月，南京杂技团赴汤演出。2011 年 7 月，广东省文艺代表团赴汤访演。2011 年 8 月，深圳歌舞团赴汤演出。2013 年 11 月，深圳艺术团赴汤演出。2014 年 6 月，重庆艺术团赴汤演出。

自 2003 年初起，中国政府开始派教师赴汤支教，每期 2 名。自 1999 年起，中国政府向汤提供政府奖学金名额。截至 2013 年底，已有 127 名汤学生获得中国政府奖学金来华留学。汤方每年应邀选派官员或青年来华参加中方举办的各类培训班或研修班。

2005年8月，汤加王后玛塔阿霍来华参加世界妇女大会召开10周年纪念会。

2005年4月，中汤双方签署《中华人民共和国国家旅游局和汤加王国政府旅游观光局关于中国旅游团队赴汤加旅游实施方案的谅解备忘录》。2006年4月，中方批准汤加为中国公民旅游目的地国。

2012年2月28日，由中国援助的汤加瓦瓦乌群岛王子医院扩建项目完成。

2012年8月，中国海军"郑和"号远洋航海训练舰访问汤加。2014年8月，中国"和平方舟"海军医院船赴汤巡诊。

2014年6月，中国记者协会代表团访问汤加。

2015年2月，应中汤友谊协会的邀请，中国国际交流协会访问汤加。

2015年10月，汤加议会邀请中联部国际交流中心率交流讲学团前往汤加，举办服务型政府建设研讨班。

2015年11月12日，黄华光大使与汤加代首相索瓦莱尼分别代表两国政府，就中国援助汤加体育场馆建设、农业专家技术组等签署经济技术合作协定。

四　重要双边声明、协议

1998年10月26日，中汤签署了《中华人民共和国政府和汤加王国政府关于建立外交关系的联合公报》，正式确认中汤建立外交关系。

1999年10月7日，中汤签署《中华人民共和国政府和汤加王国政府贸易协定》。

2005年4月13日，中汤签署《中华人民共和国国家旅游局和汤加王国政府旅游观光局关于中国旅游团队赴汤加旅游实施方案的谅解备忘录》。

2012年11月10日，中汤签署《中华人民共和国政府与汤加王国政府关于互免持外交、公务/官员、公务普通护照人员签证的协定》。

2016 年 6 月 9 日，中汤正式签署两国《关于互免普通护照人员签证的协定》。

五　主要合作领域与合作前景

在双方政府的不断努力下，近年来，汤加和中国的合作日益增多，双边关系日益紧密，合作前景广阔。双方逐渐达成共识：通过双方外交关系和双边贸易协定，逐渐实现发展目标，提高汤加生活水平。2016 年 6 月 9 日，中国驻汤加大使黄华光和汤加首相兼外交大臣波希瓦分别代表两国政府在汤加首都努库阿洛法正式签署两国《关于互免普通护照人员签证的协定》，标志着中汤关系进入新高度，免签协定将为两国扩大在旅游、贸易、投资等领域的合作创造条件，并在此基础上实现更多互利合作。

近十年来，中汤贸易增长迅速。2003 年双边贸易额为 209.6 万美元，其中我国对汤加出口 204.3 万美元，进口 5.3 万美元。2013 年，双边贸易额为 3851 万美元，同比增长 91%。其中，中方出口 3848 万美元，同比增长 90.9%；进口 3 万美元，同比增长 6791.1%。2014 年 1~5 月，双边贸易额为 486 万美元，同比下降 27%。其中，中方出口 484 万美元，同比下降 27%；进口 2 万美元，下降 100%。中方向汤加主要出口机电产品、农产品、服装、家具，主要进口产品为农产品。

汤加资源独特，中汤在农业和旅游业等领域合作潜力巨大，两国政府近年不断互派相关人员加强交流、签署合作协议等，为开展实质性合作打下基础。农业方面，农业技术合作项目是中国对汤援助的重要组成部分，2009 年以来，项目已实施 3 期，中国先后派遣 22 名农业技术专家赴汤工作，分别以汤加塔布岛和瓦瓦乌群岛两地农场为基地，向汤加民众推广农业技术，传授生态养猪、发展沼气、蔬菜种植等实用技术，帮助当地发展循环农业。中国援汤农业专家组已向汤加农业部捐赠鸡苗 12100 余只，汤加鸡苗培育逐步实现规模化。中国援助汤加农业技术合作项目涉及蔬菜种植、养猪、养鸡、养鸭等诸多领域，对于汤加提高农业技术水平、降低农产品价格、提高当地居民收入和稳定食品供应至关重要。汤方希望继续得到中方在农业领域的支持和援助，帮助汤加实现食品自给自足，切实解决汤加面临的食品安全问题，进而推动经济社会持续发展。

中国政府努力推动汤加的优质农产品进入中国市场，助力汤加农业实现跨越发展。2015 年 10 月，中国政府积极安排检验检疫专家赶赴汤加，完成汤加对华南瓜出口安全检查，国家质检总局对推进中汤合作大力支持。汤加首相波希瓦、农业渔业大臣法卡豪分别会见代表团一行，表示中国农产品市场巨大，如能早日完成相关准入手续，实现汤加南瓜对华出口，将对汤加农业发展起到积极作用并使广大农户直接获益。波希瓦首相强调，汤政府愿根据中方检疫和食品安全相关要求，进一步完善南瓜生产、包装、出口相关的生产体系与政策法规，以便为南瓜对华出口提供最佳政策条件。① 2016 年 5 月 12 日，驻汤加大使黄华光与汤加农业渔业大臣法卡豪在汤加首都努库阿洛法草签了《中华人民共和国国家质量监督检验检疫总局与汤加王国农林食品渔业部关于汤加南瓜输华植物卫生要求议定书》。

汤加自然人文旅游资源丰富，旅游业发展极具潜力。目前，中国出境游市场巨大，2014 年中国游客出境旅游达 1.17 亿人次，出境旅游花费约 1400 亿美元。然而中国赴汤加旅游人数仍相对较少，如与汤加近邻斐济相比，2014 年中国赴汤加旅游人数仅为 600 余人，而赴斐济游客为 2.8 万人。如果汤加能集中力量改善机场、酒店、交通等基础设施，中国有望成为汤加最大旅游市场。中国在旅游设施开发、酒店建设等方面经验丰富，汤加为了吸引、接待更多的游客也需要来自包括中国在内的大量外来投资，双方进一步加强交流、密切联系、推进合作的潜力巨大，共同推动旅游交流已经成为中汤友好合作的新亮点。2015 年，中国国家旅游局局长与汤加签署旅游合作备忘录，中方多次邀请汤加旅游部门赴华推介汤加

---

① 中国驻汤加大使馆：《中国检验检疫专家访问汤加》，http：//to. chineseembassy. org/chn/sgxw/t1310049. html。

旅游资源，中国百家旅行公司赴汤加考察，赴汤加旅游人数有望大幅增加。①

六　汤加与"21世纪海上丝绸之路"建设

2013年，中国国家主席习近平提出建设"丝绸之路经济带"和"21世纪海上丝绸之路"的倡议。21世纪海上丝绸之路重点方向之一是从中国沿海港口经过南海到南太平洋，南太平洋是21世纪海上丝绸之路建设的重要组成部分，汤加是中国在本地区的重要伙伴。"一带一路"倡议将为双方合作带来更多的机遇。自从2014年11月习近平主席出访斐济，会见了包括汤加在内的太平洋岛国领导人，中国与汤加的人员往来更加频繁，双方合作日益加强。汤加对"21世纪海上丝绸之路"持肯定态度，对双方在此框架下的合作和交流表示期待。

中国方面在汤加积极对"一带一路"倡议进行大力宣传。除了在多个正式交流场合进行介绍之外，2015年8月17日，黄华光大使在汤加《螺号报》发表了题为《一带一路：中汤合作新机遇》的署名文章，正式介绍"一带一路"合作倡议。②

汤加方面对"一带一路"倡议也表现出积极态度。2015年2月，应中汤友谊协会的邀请，中国国际交流协会代表团访问汤加。汤加议会议长图依瓦卡诺表示汤加愿意积极参与"21世纪海上丝绸之路"建设，加强中汤在渔业、农业及技术人员培训方面的交流和合作。③

2015年10月，汤加议会邀请中联部国际交流中心交流讲学团前往汤加，举办服务型政府建设研讨班。④ 在代表团介绍了"一带一路"合作倡

---

① 中国驻汤加大使馆：《黄华光大使出席中汤旅游商会议并致辞》，http：//to. chineseembassy. org/chn/sgxw/t1285293. html。

② 中国驻汤加大使馆：《黄华光大使在汤加媒体发表署名文章〈一带一路：中汤合作新机遇〉》，http：//to. chineseembassy. org/chn/dshd/t1289680. html。

③ Wen Desheng，"Deep Impression on Visit to Three Countries"，中国国际交流协会网站，http：//www. cafiu. org. cn/english/NewsInfo. asp? NewsId = 2253. 2015 - 2。

④ 中国驻汤加大使馆：《中联部交流访学团访问汤加》，http：//to. chineseembassy. org/chn/sgxw/t1307711. html。

议提出的背景、主要内容、重点领域及近期推进情况等信息之后，波希瓦首相、图依瓦卡诺议长及汤加议会成员就如何在该框架内与中国加强双边合作进行了讨论。双方将共同努力在基础设施建设、贸易、教育、旅游等领域达成共赢。①

汤加首相的信息顾问、《汤加时报》创始人、汤加著名民主运动领袖卡拉菲·莫阿拉2015年11月发表文章表示②，中国的"一带一路"提出了"和平合作和发展"的倡议，中国积极构建连接中国和亚非欧近邻的贸易道路，同时也将交流合作扩展到其他大陆和海洋地区，谋求和平共同发展，达成多方共赢。他认为，中国的"一带一路"不仅是对经济合作和发展的一个倡议，中国已经在积极行动，包括进行基础设施建设、建立"一带一路"基金和亚洲基础设施投资银行以及建立发展项目等，更重要的是在亚非欧国家已经达成了共识："一带一路"是通向未来共同发展的道路。在谈到包括汤加在内的太平洋地区进入"一带一路"发展框架这一问题上，莫阿拉表示，太平洋地区拥有世界最大海域，拥有最多的金枪鱼储备，有价值几十亿美元的石油、天然气以及海底矿藏存储，同时还拥有若干全世界最美丽的旅游胜地。这些丰富的海洋资源加上和平稳定的区域关系，太平洋地区定会吸引包括中国在内的多个国家。太平洋地区期待和中国进行集体对话与合作。莫阿拉表示，随着地缘政治力量的变化，太平洋地区的未来可能由其与中国的关系决定。

汤加正在讨论拟定《汤加战略发展计划框架2015～2025》③（以下简称《框架》），指导未来汤加经济社会发展。《框架》提出希望推动汤加经济、城乡建设、基础设施、环境等领域朝着更加包容、可持续的方向发

---

① Tongan Ministry of Information and Communications, "China Delegation Shares Development Experience with Tonga". http：//www. mic. gov. to/news - today/press - releases/5635 - china - delegation - shares - development - experience - with - tonga.

② Pacific Institute for the Public Policy, "What China's 'Belt and Road' initiative means for the Pacific". http：//pacificpolicy. org/2015/11/what - chinas - belt - and - road - initiative - means - for - the - pacific/.

③ 中国驻汤加大使馆：《黄华光大使在汤加媒体发表署名文章〈一带一路：中汤合作新机遇〉》，http：//to. chineseembassy. org/chn/dshd/t1289680. html。

展。波希瓦首相在《框架》序言中明确提出，"希望通过变革，革新汤加面貌，提升民众的生活质量"。巧合的是，《框架》与中国"一带一路"倡议重点提出的"五通"，即政策沟通、设施联通、贸易畅通、资金融通、民心相通多有重叠之处，这为两国的合作奠定了良好基础。

首先，《框架》将基础设施建设作为未来十年汤加发展的支柱之一，而基础设施互联互通是"一带一路"优先发展领域。《框架》提出将着力吸引更多外来投资，助力本国经济发展，汤加可积极考虑通过亚投行等进一步拓宽融资渠道。与此同时，中国投资者对全球 156 个国家和地区的 6128 家境外企业进行直接投资，投资规模达 1160 亿美元，目前已有投资者表示对投资汤加基础设施兴趣浓厚。

其次，《框架》指出汤加国内经济规模有限，扩大国际贸易，将推动汤加经济可持续发展。"贸易畅通"着力推进投资贸易便利化，是"一带一路"建设的重点内容，消除投资和贸易壁垒。中国市场巨大，如果汤加南瓜等农产品打开中国市场，汤加经济特别是大批农户将从中直接获益。

此外，《框架》还对汤加极具发展潜力的旅游业和汤加优先发展的教育做了详细规划，契合"一带一路"所强调的"民心相通"。扩大相互间留学生规模，加强旅游、卫生、文化、媒体等领域交流，可以为深化双边合作奠定坚实的民意基础。汤加旅游业发展潜力巨大，在改善机场、酒店、交通等基础设施之后，中国有望成为汤加最大的旅游市场。教育方面，2014 年，习主席在与太平洋岛国领导人会晤期间宣布，未来 5 年中国将为岛国提供 2000 个奖学金名额和 5000 个各类研修培训名额。中国不断加大投入，扩大汤加赴华留学生规模，已先后向汤加提供了 150 余个留学生名额。2015 年 9 月，有 20 余名汤加学生赴华留学深造。与此同时，中国还通过援助汤加学校基础设施建设、提供教学设备等支持汤加教育事业发展。中汤教育合作的不断发展将为汤加经济社会发展提供更多、更高质量的人力支持。

大事纪年

公元前 900 年　　拉皮塔人（Lapita，波利尼西亚人和密克罗尼西亚人的祖先）来到汤加，定居于汤加塔布岛，很可能是汤加最早的定居者。

200 年　　汤加、萨摩亚和斐济的探险者出海探索东波利尼西亚地区并在此定居。

950 年　　第一位图依汤加阿霍埃图开始统治汤加。

1100 年　　汤加帝国扩张至萨摩亚和斐济部分地区。

1200 年　　第十一世图依汤加图依塔图依建造了汤加三石塔；穆阿成为汤加帝国的首都。

1250 年　　萨摩亚反抗并摆脱汤加的统治，建立马利埃图阿（Malietoa）王朝，标志着汤加帝国的衰落。

1470 年　　汤加人被赶出沃利斯和富图那，图依汤加考乌鲁弗努瓦一世（Tou'i Tonga Kau'ulufonua I）将世俗权力转让给其弟莫安伽莫图阿（Mo'ungāmotu'a），汤加由此开启第二个王朝，即图依哈塔卡拉瓦王朝。

1600 年　　汤加的第三个王朝，即图依卡诺库柏鲁王朝开始。

1616 年 4 月　　欧洲人威廉·斯库登和雅各布·勒·麦荷首次发现汤加，造访纽阿斯、纽阿托布塔布和塔法西。

1643 年 1 月　　阿贝尔·塔斯曼来到埃瓦岛、汤加塔布岛和瑙慕卡（Nomuka）。

1650 年　　图依卡诺库柏鲁马塔艾来哈阿麦阿（Mataeleha'

	amea）在和图依哈塔卡拉瓦、瓦埃阿（Vaea）对战后，建立了图依卡诺库柏鲁王朝的最高统治权。
1767 年	沃利斯船长来到纽阿托布塔布。
1773 年	詹姆斯·库克船长第一次来到汤加，将其称作"友谊之岛"。
1774 年	詹姆斯·库克船长再次来到汤加，曾到埃瓦岛、汤加塔布岛和瑙慕卡。
1777 年	詹姆斯·库克船长第三次来到瑙慕卡、哈派群岛、汤加塔布岛和埃瓦岛，见到当时的图依卡诺库柏鲁图依哈拉法泰。
1781 年	弗朗西斯科·穆雷勒发现瓦瓦乌群岛。
1782 年	图依卡诺库柏鲁图依哈拉法泰宣布放弃权力，迁至斐济。
1787 年	拉彼鲁兹（La perouse）来到纽阿托布塔布。
1793 年	图普摩西法（Tupoumoheofo）成为第一个图依卡诺库柏鲁女王，后被其侄子图库阿豪推翻。
1797 年	第一批来自伦敦的传教士抵达汤加塔布岛。
1799 年	三名传教士在汤加遇害。
1799 年	图依卡诺库柏鲁图库阿豪被杀害，引发汤加长达半个世纪的内战。
1800 年	其余传教士离开汤加。
1805 年	太子港遭到袭击，威廉·马里纳（William Mariner）被菲瑙·乌拉卡拉拉收养。
1807 年	菲瑙·乌拉卡拉拉围攻努库阿洛法。
1808 年	图普马劳西（Tupoumālohi）在王位空缺 9 年后任图依卡诺库柏鲁。
1820 年	阿里莫图阿（Aleamotu'a）在持续内战中成为图依卡诺库柏鲁。
1822 年	沃特·劳里来到汤加重建卫斯理教会。

1826 年	阿里莫图阿开始信奉基督教，同意卫斯理教会传教士在汤加塔布群岛传教。
1826 年	约翰·托马斯来到汤加领导传教活动；陶法阿豪成为哈派群岛统治者。
1831 年	陶法阿豪受洗，命名为乔治，自称乔治·图普国王。
1837 年	基督徒和异教徒在汤加塔布群岛交战。
1839 年	陶法阿豪颁布汤加第一个书面法律文件《瓦瓦乌法典》。
1840 年	汤加内战爆发。
1842 年	罗马天主教传教士首次到达汤加。
1844 年	为免受法国困扰，陶法阿豪向维多利亚女王寻求保护。
1845 年	乔治·图普完成征战，统一汤加，继任图依卡诺库柏鲁，定都努库阿洛法，图普王朝正式开始。
1850 年	《瓦瓦乌法典 II》颁布。
1855 年	同法国签订友好条约。
1862 年	颁布新法典，解放下层人民。
1875 年	颁布宪法，宣布汤加成为君主立宪制国家，解放所有农奴。承诺新闻自由和依法治国。
1876 年	同德国签订条约。
1879 年	同英国签订条约。
1880 年	谢利·贝克牧师成为首相。
1885 年	乔治·图普一世和谢利·贝克共建汤加自由教会。
1890 年	卫斯理教会成员受到迫害，谢利·贝克被驱逐。
1893 年	乔治·图普国王去世，乔治·图普二世继位。
1900 年	与英国签订《保护和友好条约》，成为英国的保护国。
1905 年	与英国签订补充协定。

1918 年	乔治·图普二世去世，萨洛特女王继位，即图普三世。
1927 年	颁布教育法案，改革中小学和大学。
1942 年	美军到来，帮助汤加抵抗日本进攻。
1946 年	纽阿福岛火山爆发；汤加开通到萨摩亚和斐济的航线。
1951 年	努库阿洛法建立发电厂；汤加女性获得投票权。
1955 年	首批汤加医生和护士结束培训，具备从业资格。
1961 年	汤加广播电台开始运营。
1963 年	《汤加编年史》出版。
1965 年	萨洛特女王去世，陶法阿豪·图普四世继位。
1970 年	汤加重新获得完整主权并独立，不再是英国的保护国。加入英联邦。
1974 年	汤加银行成立。
1989 年	汤加首次将南瓜销往日本。
1999 年	汤加加入联合国。
2000 年	汤加相关政府部门被骗 2000 万美元资金，两名政府大臣作为资金托管人引咎辞职。
2003 年	政府提请修订宪法，限制媒体权力，查禁言辞激进、抨击政府的出版物。
2004 年	汤加皇家航空由于财政困难倒闭；汤加大法官宣布关于限制媒体的立法提案和宪法修正案无效；政府宣布一部分议会成员将由内阁大臣指定。
2005 年	选举中大多数亲民主运动候选人胜出；公务员大罢工持续 6 周，要求提高薪水；政治改革国家委员会成立。
2006 年 3 月 30 日	继谢利·贝克牧师 19 世纪成为汤加首相之后，费乐提·塞维勒成为汤加第一位非贵族的平民首相。
9 月 11 日	陶法阿豪·图普四世去世，乔治·图普五世继位。

11 月 16 日	2006 年努库阿洛法骚乱：抗议者要求加速民主改革。骚乱人群烧毁、劫掠华人商铺和公司，努库阿洛法大部分中心商业区遭到破坏。
11 月 17 日	乔治·图普五世承诺 2008 年立法选举时实行民主选举。
2007 年	立法会同意进行政治结构改革；汤加从中国获取 1.18 亿潘加低息贷款，用于首都努库阿洛法重建；汤加加入世界贸易组织。
2010 年 11 月 25 日	汤加大选：选举产生的议会代表中，绝大多数由选民选举产生，议会代表开始拥有权力选出首相。贵族议员图依瓦卡诺当选为首相。
2012 年 3 月 18 日	乔治·图普五世去世，图普六世继位。
2014 年 11 月 27 日	汤加举行大选，友谊之岛民主党首次组阁。亲民主运动领袖阿基利西·波希瓦当选首相，成为第一个由普选议会选举产生的平民首相。
2016 年 6 月 9 日	中汤正式签署两国《关于互免普通护照人员签证的协定》。

参考文献

一　中文文献

吕桂霞编著《斐济》，社会科学文献出版社，2015。

倪学德编著《萨摩亚》，社会科学文献出版社，2015。

王东华等编著《汤加王国简介与投资指南》，2012（大使赠书，内部资料）。

王敬媛：《从基督教入侵看西方国家对汤加的殖民》，《太平洋学报》2014年第11期，第35～46页。

徐明远：《南太平洋岛国和地区》，世界知识出版社，2003。

宜雯等编著《大洋洲诸国》（四），军事谊文出版社，1995。

二　外文文献

Coleman, Denise Youngblood (Editor in Chief), *2014 Country Watch Review: Tonga*, Houston, Texas: Country Watch, Inc. 2014.

Daly, Martin, *Tonga: A New Bibliography*, Honolulu: University of Hawai'i Press, 2009: 5.

Lawson, Stephanie, *Tradition Versus Democracy in the South Pacific: Fiji, Tonga, and Western Samoa*, Cambridge University Press, 1996.

Noel Rutherford (ed.), *Friendly Islands: A History of Tonga* [C], Oxford University Press, 1977.

Oliver, Douglas L., *The Pacific Islands*, Harvard University Press, 1952.

Smitz, Paul & Susannah Farfor, *Samoan Islands & Tonga*, Lonely Planet Publications, 2010.

Williamson, Robert W., *The Social and Political Systems of Central Polynesia Oosterhout*. Anthropological Publications [1924], 1967.

Business Source Premier, "Economy", Background Notes On Countries Of The World: Tonga (2010): 8, http://search. ebscohost. com/login. aspx? direct = true&db = buh&AN = 63980148&lang = zh − cn&site = bsi − live.

Business Source Premier, Background Notes On Countries of the World: Tonga (2010): 7. http://search. ebscohost. com/login. aspx? direct = true&db = buh&AN = 63980148&lang = zh − cn&site = bsi − live.

Coleman, Denise Youngblood, "Key Data", Country Overview: Tonga, http://www. countrywatch. com, 2013 CountryWatch, Inc.

Parrish, Ann, Our World: Tonga, 2011, (Country Report), http:// libproxy. northgeorgia. edu/login? url = http://search. ebscohost. com/ login. aspx? direct = true&db = khh&AN = 17622387&site = ehost − live. Database: History Reference Center.

The True South Pacific: Kingdom of Tonga, http://www. thekingdomoftonga, com/the − kingdom − today/.

Wikipedia, Timeline of Tongan History, http://en. wikipedia. org/wiki/ Timeline_ of_ Tongan_ history. The Kingdom of Tonga, http://www. theking domoftonga. com.

三 主要网站

中华人民共和国外交部，http://www. fmprc. gov. cn/web/
中华人民共和国商务部，http://www. mofcom. gov, cn
中华人民共和国国家旅游局，http://www. cnta. gov. cn
中华人民共和国国家海洋局，http://www. soa. gov. cn
中华人民共和国驻汤加大使馆，http://to. chineseembassy. org/chn/ tjjs/

中华人民共和国驻汤加王国大使馆经济商务参赞处，http：// to. mofcom. gov. cn

中国林业网，http：//www. forestry. gov. cn/portal/main/map/sjly/tangjia/ tonga02. html

汤加统计部（Tong Department of Statistics），http：//tonga. prism. spc. int

汤加信息交流部（Tongan Ministry of Information and Communications），http：//www. mic. gov. to

太平洋岛国论坛秘书处，http：//www. forumsec. org

《马汤吉汤加报》（*Matangi Tonga*），http：//matangitonga. to

美国中央情报局，http：//www. cia. cov/library/publications/the – world – factbook/geos/nh. html

美国国务院（U. S. Department of State），http：//www. state. gov

美国统计局（United States Census Bureau），http：//www. census. gov

联合国开发计划署，http：//hdr. undp. org/en

世界贸易组织，http：//www. wto. org/english

世界银行，http：//www. worldbank. org

新西兰国际电台，http：//www. radionz. co. nz/international/pacific – news/200981/new – polynesian – leaders – group – formed – in – samoa

《环球时报》，http：//www. crntt. com/

索　引

新版《列国志》总书目

越南

非洲

阿尔及利亚
埃及
埃塞俄比亚
安哥拉
贝宁
博茨瓦纳
布基纳法索
布隆迪
赤道几内亚
多哥
厄立特里亚
佛得角
冈比亚
刚果共和国
刚果民主共和国
吉布提
几内亚
几内亚比绍
加纳
加蓬
津巴布韦
喀麦隆
科摩罗
科特迪瓦
肯尼亚
莱索托
利比里亚
利比亚

卢旺达
马达加斯加
马拉维
马里
毛里求斯
毛里塔尼亚
摩洛哥
莫桑比克
纳米比亚
南非
南苏丹
尼日尔
尼日利亚
塞拉利昂
塞内加尔
塞舌尔
圣多美和普林西比
斯威士兰
苏丹
索马里
坦桑尼亚
突尼斯
乌干达
西撒哈拉
赞比亚
乍得
中非

欧洲

阿尔巴尼亚
爱尔兰

爱沙尼亚

安道尔

奥地利

白俄罗斯

保加利亚

比利时

冰岛

波黑

波兰

丹麦

德国

俄罗斯

法国

梵蒂冈

芬兰

荷兰

黑山

捷克

克罗地亚

拉脱维亚

立陶宛

列支敦士登

卢森堡

罗马尼亚

马耳他

马其顿

摩尔多瓦

摩纳哥

挪威

葡萄牙

瑞典

瑞士

塞尔维亚

圣马力诺

斯洛伐克

斯洛文尼亚

乌克兰

西班牙

希腊

匈牙利

意大利

英国

美洲

阿根廷

安提瓜和巴布达

巴巴多斯

巴哈马

巴拉圭

巴拿马

巴西

玻利维亚

伯利兹

多米尼加

多米尼克

厄瓜多尔

哥伦比亚

哥斯达黎加

格林纳达

古巴

圭亚那

海地

洪都拉斯

加拿大

美国

秘鲁

墨西哥

尼加拉瓜

萨尔瓦多

圣基茨和尼维斯

圣卢西亚

圣文森特和格林纳丁斯

苏里南

特立尼达和多巴哥

危地马拉

委内瑞拉

乌拉圭

牙买加

智利

大洋洲

澳大利亚

巴布亚新几内亚

斐济

基里巴斯

库克群岛

马绍尔群岛

密克罗尼西亚

瑙鲁

纽埃

帕劳

萨摩亚

所罗门群岛

汤加

图瓦卢

瓦努阿图

新西兰

GUIDE to the WORLD 列国志 数据库
NATIONS DATABASE
国别国际问题研究资讯平台

全部　图书　文章　文献资料　知识点　图表　图片　音频　视频

全部数据库 ▼　　　　　　　　　　　　　　　　　　　检索　高级检索 对比检索

热词推荐： 韩国　自然资源　对外贸易　美国　外交关系　欧洲　经济　孟买

当代世界发展问题研究的权威基础资料库和学术研究成果库

国别国际问题研究资讯平台

列国志数据库 www.lieguozhi.com

　　列国志数据库是以"十二五"国家重点图书出版规划项目、中国社会科学院创新工程学术出版资助项目《列国志》丛书为基础，全面整合国别国际问题核心研究资源、研究机构、学术动态、文献综述、时政评论以及档案资料汇编等构建而成的数字产品，是目前国内唯一的国别国际类学术研究必备专业数据库、首要研究支持平台、权威知识服务平台和前沿原创学术成果推广平台。

　　从国别研究和国际问题研究角度出发，列国志数据库包括国家库、国际组织库、世界专题库和特色专题库4大系列，共175个子库。除了图书篇章资源和集刊论文资源外，列国志数据库还包括知识点、文献资料、图片、图表、音视频和新闻资讯等资源类型。特别设计的大事纪年以时间轴的方式呈现某一国家发展的历史脉络，聚焦该国特定时间特定领域的大事。

　　列国志数据库支持全文检索、高级检索、专业检索和对比检索，可将检索结果按照资源类型、学科、地区、年代、作者等条件自动分组，实现进一步筛选和排序，快速定位到所需的文献。

　　列国志数据库应用范围广泛，既是学习研究的基础资料库，又是专家学者成果发布平台，其搭建学术交流圈，方便学者学术交流，促进学术繁荣；为各级政府部门国际事务决策提供理论基础、研究报告和资讯参考；是我国外交外事工作者、国际经贸企业及日渐增多的广大出国公民和旅游者接轨国际必备的桥梁和工具。

数据库体验卡服务指南

※100元数据库体验卡目前只能在列国志数据库中充值和使用。

　　充值卡使用说明：

　　第1步 刮开附赠充值卡的涂层；

　　第2步 登录列国志数据库网站（www.lieguozhi.com），注册账号；

　　第3步 登录并进入"会员中心"→"在线充值"→"充值卡充值"，充值成功后即可使用。

声明

最终解释权归社会科学文献出版社所有。

数据库服务热线：400-008-6695

数据库服务QQ：2475522410

数据库服务邮箱：database@ssap.cn

欢迎登录社会科学文献出版社官网（www.ssap.com.cn）

和列国志数据库（www.lieguozhi.com）了解更多信息

社会科学文献出版社 列国志系列
SOCIAL SCIENCES ACADEMIC PRESS (CHINA)

卡号：7319565270419463

密码：

图书在版编目（CIP）数据

汤加／王敬媛，陈万会编著． －－北京：社会科学
文献出版社，2017.3（2018.8 重印）
（列国志：新版）
ISBN 978 - 7 - 5201 - 0099 - 1

Ⅰ.①汤… Ⅱ.①王… ②陈… Ⅲ.①汤加 - 概况
Ⅳ.①K963.9

中国版本图书馆 CIP 数据核字（2016）第 300529 号

·列国志（新版）·

汤加（Tonga）

编　　著／王敬媛　陈万会

出　版　人／谢寿光
项目统筹／张晓莉
责任编辑／叶　娟

出　　　版／社会科学文献出版社·国别区域与全球治理出版中心（010）59367200
　　　　　　　地址：北京市北三环中路甲 29 号院华龙大厦　邮编：100029
　　　　　　　网址：www.ssap.com.cn
发　　　行／市场营销中心（010）59367081　　59367018
印　　　装／三河市尚艺印装有限公司

规　　　格／开　本：787mm × 1092mm　1/16
　　　　　　　印　张：14.25　插　页：1　字　数：207 千字
版　　　次／2017 年 3 月第 1 版　2018 年 8 月第 2 次印刷
书　　　号／ISBN 978 - 7 - 5201 - 0099 - 1
定　　　价／59.00 元